MARY WOLLSTONECRAFT SHELLEY

MATHILDA

PREFACIO DE
ANNA CRISTINI

LIBERA
EDITORIAL

Título original: Mathilda, de Mary Wollstonecraft Shelley
Primera edición en esta presentación: Octubre 2020
Codigo editorial: LC-001
Cubierta y gráfica: Anna Cristini
ISBN: 9788418561016
En cubierta: Pietro Ricchi, *Lot e le figlie*, 1640, Venezia, Ca' Rezzonico

©2020, LÍBERA EDITORIAL | Calle Rosa 27, 11002 Cádiz
www.liberaeditorial.com

"Jamás había pensado que el sufrimiento pudiera surgir del amor, y esta lección que todo el mundo acaba aprendiendo me fue dada de una forma que muy pocos habían sufrido"

PREFACIO

No mucha gente puede presumir de haber creado un bestseller con su primera publicación: Mary Wollstonecraft Godwin Shelley (conocida mundialmente por este último apellido) sí puede. Todos conocemos la historia de *Frankenstein o el moderno Prometeo*, publicada por primera vez en 1818. Sin embargo, no todo el mundo conoce la segunda obra de Mary, *Mathilda*, y esto es porque, aunque fue escrito en 1819, el libro vio la luz más de cien años después de la muerte de la propia autora. Fue el padre de Mary quien se negó rotundamente a publicar la obra por los temas tan inquietantes y desagradables que en ella se relataban. Sabemos que Mary le pidió el manuscrito en diversas ocasiones pero él se negó a devolvérselo para asegurarse de que nunca sería publicado.

Mary siempre vivió rodeada por un aura lúgubre y oscura, que tan bien se reflejaba en la literatura Romántica inglesa de la época; el primer luto de su vida tuvo lugar en el momento en que ella tomó su primera bocanada de aire: su madre Mary Wollstonecraft, una escritora feminista y ultra radical, murió de fiebres puerperales pocos días después del parto. A pesar de que su padre, el político-filósofo utópico William Godwin, a su vez escritor y autor prefa la obra *Caleb Williams* (1794), se volviese a casar al poco tiempo de este acontecimiento, Mary creció idealizando la figura de su homónima madre, y sufriendo por su perdida.

Fue justo sobre su tumba, el rincón donde Mary prefería pasar su tiempo, que conoció a Percy Shelley, el amor de su vida, escritor y ensayista que provenía de una familia muy acaudalada de la aristocracia inglesa. A los dieciséis años ya estaban "Románticamente casados" y juntos escribirían una historia de amor marcada por la literatura, la muerte y la poesía, todas estas, características esenciales de sus obras. Viajando de un lado a otro, y escribiendo sus diferentes relatos, el matrimonio se consolidó con la llegada de su primera hija, Clara. Sin embargo, otra vez la vida y la muerte volvieron a mezclarse en una espiral desgraciada para Mary: la niña murió pocas semanas después de nacer, durante un rocambolesco viaje a Venecia. La misma suerte le tocará a otros dos hijos de la pareja, y solo el último, Percy, consiguió llegar a la edad adulta.

Como hemos dicho, Mary Shelley creció con la vocación de la escritura, relatando así lo que iba pasando a su alrededor. Y fue mientras se encontraba en Italia después de la muerte de su segundo hijo que empezó a llenar de tinta el manuscrito de *Mathilda*, en la impetuosa necesidad de autoayuda. El resultado fue una novela no muy larga, pero sí cargada de sentimiento y pasión. Hablamos de una novela reveladora, con una fuerte componente autobiográfica en ella, no en la historia pero sí en los personajes: Mathilda, la protagonista, tiene mucho de Mary Shelley, el padre de Mathilda recuerda a Godwin y el poeta que trata de salvar a Mathilda de su tristeza era, sin duda, el propio Percy; leyendo la obra descubrimos que ella lo veía a él como el buen poeta que trataba de ayudarla, de salvarla, mientras que en su padre (el de Mathilda) la escritora vuelca esa sensación de ausencia y de abandono que la acompañaba respecto a su propio padre, ocultando no muy veladamente un enfado y un reproche que cargaba en su interior probablemente desde su matrimonio con la malísima madrastra.

Pero la historia de *Mathilda* toca temas que, a pesar de encajar perfectamente con la época literaria en cuestión, no podían ser publicados, y menos por una mujer, a principios de 1800: depresión, suicido e incesto. Este fue el principal motivo por el que William Godwin se negó hasta la muerte (la suya y la de su hija) a publicar *Mathilda*, convirtiéndolda, durante más de un siglo, en una novela perdida. En 1959 Elizabeth Nitchie, tras localizar los restos del manuscrito, editó y publicó la que es, probablemente, la segunda obra más conocida de Mary Shelley.

Mathilda es una novela de emociones más que un relato en sí mismo: se trata de una visita al corazón de Mathilda, que es indudablemente el de la propia Mary Shelley, en sus últimos días, cuando mira hacia atrás y explica cómo llegó la tristeza a instalarse en ella para siempre.

I

No son más que las cuatro, pero es invierno y el sol ya se ha puesto. Ninguna nube refleja ya sus rayos oblicuos en el cielo claro y helado, pero el aire se tiñe de un ligero color rosado que todavía brilla sobre el suelo cubierto de nieve. Vivo sola en una casita perdida en un paraje inmenso y solitario. No me llega ningún eco de vida. Ante mis ojos, la llanura desolada está cubierta de blanco, y encima de las pequeñas colinas abruptas desde donde se desliza la nieve, más escasa aquí que en terreno llano, se advierten solamente unas cuantas manchas negras que han aparecido bajo el efecto del sol del mediodía. Algunos pájaros atacan con su pico el duro hielo que cubre los estanques; ha helado sin cesar.

Extraño estado mental el mío. Estoy sola, absolutamente sola en el mundo, el azote del destino ha acabado con mi vida. Sé que voy a morir y me siento feliz, alegre. Siento que me late el pulso y pongo mi mano flácida sobre mi mejilla febril. En mí se agita una mente vivaz y ligera que emite las últimas señales de vida. No veré nunca más las nieves de un nuevo invierno, no sentiré nunca más, lo sé, el calor vivificante de un nuevo verano, y con esta certidumbre empiezo a escribir mi trágica historia. Sin duda alguna una historia como la mía debería desaparecer conmigo, pero un sentimiento indefinible me empuja, y estoy demasiado débil de cuerpo y de espíritu para resistir al menor impulso. Cuando la vida era vigorosa en mí, estaba segura de que su sacrílego horror haría imposible contar esta historia, pero puesto que ahora muero, profano el terror místico que ella me inspira. Así es el bosque de las Euménides donde solo los moribundos son admitidos. Y ahora Edipo va a morir.

¿Pero qué estoy escribiendo? Necesito centrar mis ideas. No sé de nadie que vaya a leer de cabo a rabo estas páginas, salvo Ud., amigo mío, que las recibirá a mi muerte. No se las dedicaré a Ud. solo, porque disfrutaré guardando el recuerdo de nuestra amistad de un modo que resultaría imposible si fuera Ud. el único lector de lo que voy a escribir. Por eso contaré mi historia como si la dirigiese a todos.

Ud. me ha preguntado a menudo la causa de esta reclusión mía, de estas lágrimas, y sobre todo de este silencio impenetrable y tan poco amistoso. Viva, no osé hacerlo. Moribunda desvelo el misterio. Algunos hojearán distraídamente estas páginas, mientras que a Ud., Woodville, mi querido y tierno amigo, le resultarán entrañables. Conservan los preciosos recuerdos de una hija con el corazón roto, que a la hora de la muerte siente todavía el calor de la gratitud que le profesa. Sí, lo sé, sus lágrimas caerán sobre estas palabras que narran mis infortunios, y mientras siga con vida, le agradeceré su compasión. Pero ¡ya es suficiente! Empecemos este relato.

Será mi última tarea: ojalá tenga fuerzas para llevarla a cabo. No tengo ningún crimen que confesar. Se me perdonarán fácilmente mis faltas, que no proceden de una intención maligna, sino más bien de una falta de discernimiento. Creo que muy pocos podrían vanagloriarse de haber sabido, mediante otra conducta o un juicio más acertado, evitar las desgracias de las que soy víctima. La Necesidad, la espantosa Necesidad condujo mi destino. Hubiera hecho falta otra energía, mayor que la mía, más potente, supongo, que cualquier fuerza humana, para romper las cadenas invencibles que me sujetaban... A mí, que fui animada únicamente por la alegría, poseída para siempre por un amor ardiente y que veneraba el bien: heme aquí miserable y a punto de morir. Pero no hablemos más de mí, nada está escrito todavía. Procuremos dejar de lado los ahora penosos, oscuros y sombríos sentimientos para recordar los del ayer, más intensos.

Nací en Inglaterra. Mi padre era un hombre de alta alcurnia. Después de perder muy joven a su propio padre, fue educado por una madre débil que le prodigó toda la indulgencia que, creía, se le debía a un gentilhombre. Lo enviaron a Eton, luego a la universidad. Muy pronto dispuso de importantes sumas de dinero, lo que le permitió, desde muy joven, gozar de la independencia que un adolescente bien nacido suele adquirir en sus años de colegio.

Así fue como sus pasiones encontraron un suelo fértil donde echaron raíces y crecieron, pudiendo convertirse en buenas o malas hierbas. Libre de actuar a su antojo, pronto se forjó un carácter fuerte y firme, cuyas diversas facetas podían revelar, a quien tuviera buen ojo, el germen de sus virtudes y asimismo de sus infortunios. Despreocupado y pródigo, dilapidaba sumas enormes para satisfacer caprichos a los que llamaba pasiones por su fuerza, y muchas veces dio prueba de una generosidad sin límite. Pero mientras no dejaba de preocuparse por las necesidades de los demás, sus propios deseos se veían satisfechos en su más amplia medida (no por prodigar su dinero sacrificaba sus propios deseos). Del mismo modo actuaba con su tiempo, que entregaba sin reservas, y con su amistad, a la que con gusto ponía a prueba en cualquier circunstancia.

Lejos de mí pretender que sus propios deseos compitieran con los de los demás, hubiese sido prueba de un egoísmo indebido. Nunca nadie le enjuició de este modo. Crecido en la prosperidad, fue venerado por todos sus favores, todos le querían y deseaban su felicidad.

Si siempre tuvo a bien favorecer los placeres de sus amigos, fue porque estos eran los suyos propios. Si prestó más atención de la usual a los sentimientos de los demás, fue porque su carácter sociable le impedía disfrutar si no veía las caras que le rodeaban tan despreocupadas como la suya. Por emulación tanto como por disposición natural, ocupó en el colegio un lugar privilegiado entre sus compañeros. En la universidad, desconfió de los libros, convencido de que había otras cosas que aprender que las que le podían enseñar esos libros. En el momento de entrar en la vida universitaria, era todavía lo bastante joven como para considerar los estudios una traba para escolares, que como máximo los protegían de los daños de la insumisión, pero sin relación alguna con la vida real, para la cual las cualidades de jinete o de jugador le parecían infinitamente preferibles.

Muy pronto, pues, llevó una loca vida estudiantil sin que su corazón, que ya estaba demasiado bien formado, se viera contaminado: podía ser superficial, pero nunca era insensible. Fue un amigo sincero y compasivo, pero no encontró nunca a nadie igual o superior a él que pudiera ayudarle a desvelar su propia alma o superar su antiguo modo de pensar para descubrir uno nuevo. Pensaba que tenía una inteligencia más rápida que la de los que le rodeaban, y su talento, su rango y sus bienes le colocaban a la cabeza de su círculo social: se sentía no solamente satisfecho de ello sino también orgulloso, y veía en este estado de cosas la única aspiración digna de él.

Por una extraña deformación mental, no tomaba en cuenta el universo más que en la estricta medida en que estaba relacionado o no con su mundillo. Si su círculo de íntimos desacreditaba una opinión, al instante la encontraba sospechosa y pasada de moda, y si en ocasiones se mostraba dogmático, temía al mismo tiempo no mostrarse acorde con los únicos sentimientos que juzgaba ortodoxos.

A los ojos de todos parecía muy poco preocupado por la maledicencia, y no se dignaba ni siquiera considerar los prejuicios del vulgo, pero mientras se movía triunfalmente por encima del resto del mundo, se hacía diminuto con una humildad que no quería confesar ante aquella sociedad de la que él era el jefe, y jamás osaba expresar una opinión o un sentimiento sin estar seguro de la aprobación de sus compañeros.

Y sin embargo, tenía un secreto que mantenía oculto ante sus queridos amigos, un secreto que guardaba desde su más tierna edad, y que no hubiera confiado jamás, ni a la discreción ni a la amistad de ninguno de ellos aunque los quisiera. Amaba. Temía que la intensidad de su pasión se convirtiera para ellos en objeto de burla, y no podía sufrir que tomaran por un asunto trivial o un capricho lo que él consideraba como su vida misma.

Cerca del castillo de su familia vivía un caballero de pequeña fortuna, que tenía tres hijas encantadoras. La mayor era la más bella, y su belleza no hacía más que realzar sus otras cualidades: junto con una inteligencia viva y penetrante, tenía la dulzura de un ángel. Desde su tierna infancia, Diana fue la compañera de juego de mi padre, cuya madre también se encariñó con la niña. Este sentimiento no hizo más que aumentar cuando creció aquella hermosa joven llena de vida.

Pasaron todas sus vacaciones juntos, desde el parvulario hasta el colegio. Él, que era tan sensible a toda suerte de influencias, había sido particularmente marcado por las novelas románticas y por todos los demás medios que permiten a la juventud de nuestro mundo civilizado imaginarse las pasiones, antes de vivirlas realmente. A los once años, Diana era su compañera de juegos favorita —pero él ya le hablaba el lenguaje del amor. Aunque ella tenía casi dos años más que él, el tipo de educación que recibía la hacía más niña, por lo menos en lo que se refiere al análisis y la expresión de los sentimientos. Aceptaba sus declaraciones con inocencia y se las retornaba sin saber lo que significaban: no había leído ninguna novela, y había vivido solamente en compañía de sus hermanas más jóvenes; ¿qué podía saber de la diferencia entre el amor y la amistad? Pero cuando su conciencia, al desarrollarse, le reveló la verdadera naturaleza de sus relaciones, sus sentimientos ya la habían comprometido con su amigo, y todo lo que pudo temer fue que la inconstancia, u otras tentaciones, le hicieran romper sus promesas infantiles.

Pero aquellos sentimientos fueron incrementándose día a día en ardor y ternura. Era una pasión que había crecido junto con él, abrazando tan íntimamente cada una de sus facultades y de sus emociones que no podía apagarse sino con su vida. Solo sus dos corazones conocían aquel amor. Y aunque en este terreno, al igual que en otros muchos, temía el veredicto de sus compañeros —pues amaba a alguien con menos fortuna que él—, nada pudo quebrantar ni un instante su determinación de unirse a ella, tan pronto como tuviera el valor necesario para afrontar dificultades que tenía la firme intención de superar. Diana era verdaderamente digna de su mayor afecto. Pocos podían presumir de un corazón tan puro, de una humildad de alma tan grande y tan poco fingida, y de una confianza total tanto en su integridad como en la de los demás. Desde su nacimiento, había llevado una vida retirada. Muy pequeña había perdido a su madre, pero su padre se había dedicado a su educación. Una multitud de ideas muy precisas influenciaron el sistema que adoptó a este respecto. Ella vivía en compañía de los héroes de Grecia y Roma, y de los de Inglaterra, desaparecidos hacía varios centenares de años, mientras ignoraba prácticamente los acontecimientos cotidianos de su tiempo.

Había leído a pocos autores de los últimos cincuenta años, pero aparte de esto, el campo de sus lecturas era muy extenso. Y aunque parecía menos iniciada que su padre en los misterios de la vida y del mundo, su saber era de naturaleza más profunda y se apoyaba sobre bases más sólidas. Así pues, aun cuando a él no le hubiesen fascinado su belleza y su dulzura, su inteligencia no hubiera dejado de cautivarle. Él la consideraba como su guía, y su adoración era tal que disfrutaba engrandeciendo su espíritu con el sentimiento de inferioridad que a veces ella le inspiraba.

Cuando él tuvo diecinueve años, su madre murió. Entonces dejó la universidad, y alejándose por un tiempo de sus antiguos compañeros, se retiró cerca de Diana, que le prodigó toda clase de consuelos con su dulce voz y sus tiernas caricias. Esta breve separación de sus compañeros le dio valor para afirmar su independencia. Tenía la impresión de que, si bien podían reírse de sus proyectos de matrimonio, no se atreverían a hacerlo ante el hecho consumado. Así fue como pidió primero el consentimiento de su tutor, que obtuvo con dificultad, luego el del padre de su amada, que se lo concedió más fácilmente, y sin haber avisado a nadie más de sus intenciones, se convirtió, en su vigésimo cumpleaños, en el marido de Diana.

La amaba con pasión, y la ternura que ella le manifestaba le mantenía tan hechizado que solo ella ocupaba su mente. Invitó a algunos de sus amigos de la universidad a visitarle, pero su frivolidad le disgustó. Diana había roto el velo que hasta entonces le había mantenido en la infancia: convertido en un hombre, se extrañó de haber podido compartir los discursos de ellos y sus ideas preconcebidas, e igualmente de haber podido por un momento temer su crítica. Así pues se deshizo de estas antiguas amistades, no tanto por inconstancia sino porque, de hecho, se habían vuelto indignas de él.

Su corazón entero estaba lleno de Diana, y le parecía que, mediante esta unión, había adquirido un alma nueva y mejor. Ella era la inspiración que le indicaba los verdaderos fines de la existencia: así pudo, gracias a sus dulces enseñanzas, renunciar a sus antiguas aspiraciones para convertirse poco a poco en un hombre entre los hombres, un miembro distinguido de la sociedad, un patriota, y finalmente, un enamorado iluminado por la virtud y la verdad. La amaba por su belleza y por su bondad, pero sin duda la amaba más todavía por lo que estimaba ser su sabiduría superior. Estudiaban juntos, juntos montaban a caballo, jamás se separaban y raras veces admitían a una tercera persona en su compañía. Así fue como mi padre, que nació en la abundancia y gozó siempre de prosperidad, llegó, sin las dificultades que suelen encontrar los humanos en su camino, a la cima de la felicidad.

Todo a su alrededor era sol radiante, y las nubes, cuyas formas encantadoras resultaban sublimes a la vista, solo estaban allí para ocultar a sus ojos la triste realidad subyacente. En un instante fue derribado de este pináculo deslumbrante, cuando inconscientemente se congratulaba por su felicidad. Quince meses después de su boda, yo nací y mi madre murió a los pocos días.

Una hermana de mi padre, hija de un primer matrimonio de su propio padre, se encontraba a su lado: tenía casi quince años más que él. Cuando murió su padre, esta hermana fue a vivir con su familia materna: los dos hermanos se habían visto raras veces, y por su naturaleza, eran totalmente opuestos. Esta tía a la que confiaron mi custodia me contó muchas veces el efecto que tuvo esta catástrofe sobre el carácter fuerte y sensible de mi padre. Desde el instante en que murió mi madre hasta la hora de su partida, jamás se le oyó pronunciar una palabra.

Se había hundido en la melancolía más sombría y no prestaba atención a nadie. A veces lloraba durante horas, o se dejaba invadir por una desesperación terrible. Las cosas externas habían perdido su realidad para él, solo salía de su estado de postración y de muda desesperanza en una circunstancia: no quería verme de ningún modo. Si mi tía, para intentar despertar su sensibilidad, me llevaba a la habitación, él, que parecía no notar la presencia de nadie, se levantaba de un salto para salir, fuera de sí y furioso.

Al cabo de un mes abandonó repentinamente la casa, y, sin ningún criado, dejó el país sin informar a nadie por escrito o de palabra. Solo una carta fechada en Hamburgo informó a mi tía de su suerte. Cuántas veces habré llorado sobre esta carta que fue, hasta mis dieciséis años, la única reliquia que me recordaba a mis padres.

«Perdonadme—decía—por el trastorno que inevitablemente os causo, pero mientras estuve en esta isla maldita donde todo respira el alma de la que he perdido para siempre, me sentí poseído por un maleficio. Ahora está roto: he dejado Inglaterra para muchos años, quizás para siempre. Pero para convenceros de que no me absorbe totalmente la preocupación por mí mismo, me quedaré en esta ciudad hasta que hayáis hecho, por carta, todos los arreglos que juzguéis necesarios. Cuando salga de esta ciudad, no esperéis recibir más noticias mías: debo romper todos los lazos que existen hoy. Que me convierta en vagabundo, en miserable proscrito «¡Solo!, ¡solo!».

En otra parte de la carta, hablaba de mí: «En cuanto a ese pequeño ser desafortunado al que no he podido ver y que apenas me atrevo a evocar, la dejo bajo vuestra protección. Tened cuidado de ella, y queredla: algún día quizás pueda reclamárosla… Pero el porvenir parece sombrío: haced pues que el presente le sea grato».

Mi padre se quedó tres meses en Hamburgo. Cuando dejó esa ciudad, cambió de nombre, y mi tía no pudo averiguar nunca el que adoptó: indicios ínfimos le hicieron pensar que viajaba hacia Alemania, Hungría y Turquía. Así pues, aquella personalidad elevada, que había suscitado tanto interés y tan vivas esperanzas en todos los que le habían conocido y habían podido apreciarle, desapareció repentinamente, como si hubiera muerto. A partir de aquel momento, no existió más que para sí mismo. Sus amigos solo guardaron de él una brillante visión desaparecida para siempre jamás. El recuerdo de lo que había sido se fue borrando con los años, y aquel que fue, en un momento dado, parte de ellos y de sus esperanzas, dejó de pertenecer al mundo de los vivos.

II

Ahora hablemos de mí. De los primeros momentos de mi vida poco hay que decir, y seré breve. Pero permítanme que me extienda un poco sobre los años de mi infancia. Así se verá, una vez defraudadas mis esperanzas, lo que fue la vida para mí, y cómo, habiéndose desvanecido el único afecto que me fue dado, mi existencia se apagó junto con él.

Dije ya que mi tía era muy diferente de mi padre. Creo que, sin la menor huella de maldad, tenía el corazón más frío que cualquier ser en el mundo: estaba totalmente incapacitada para el cariño. Me tomó bajo su protección, pues consideraba que tal era su deber, pero había estado viviendo demasiado tiempo sola, sin que la molestaran el balbuceo y el ruido de un niño, para soportar que yo perturbara su serenidad. Nunca había estado casada, y había permanecido aquellos cinco últimos años totalmente sola en una finca en las orillas del Lago Lomond, en Escocia, finca que había heredado de su madre. Mi padre, en sus cartas, había expresado el deseo de que residiera conmigo en su finca familiar, situada en una espléndida campiña cerca de Richmond, en Yorkshire. Pero ella no aceptó, y tan pronto como hubo resuelto los asuntos ocasionados por la partida de su hermano, dejó Inglaterra, y me llevó con ella a su finca de Escocia.

La custodia del bebé que yo fui recayó, hasta mis ocho años, en una criada de mi madre que nos acompañó con este fin en nuestro destierro. Me colocaron en un lugar retirado de la casa para que no viera a mi tía más que a horas fijas, es decir, dos veces al día. Una vez, hacia las doce del mediodía, era ella la que venía a mi habitación; la otra vez, me llevaban a verla después de la cena.

Jamás me prodigó caricias, y durante todo el rato que yo pasaba en sus habitaciones, parecía temer que la molestase con algún capricho infantil. Mi buena nodriza me aleccionaba siempre cuidadosamente antes de aventurarnos en el salón, pero el miedo que me inspiraban las miradas frías y las pocas palabras forzadas de mi tía era tal, que raras fueron las veces en que desobedecí las instrucciones y perdí la inmovilidad ejemplar que me habían enseñado a guardar durante aquellas cortas visitas.

Bajo la custodia de mi buena nodriza corría libremente en nuestro parque y en los campos vecinos. Retoño del amor más grande, di prueba desde mi más tierna edad de una extrema sensibilidad anímica. No puedo explicar la pasión con la que amaba todas las cosas que me rodeaban, aunque fuesen inanimadas. Creo que tuve un cariño especial por cada uno de los árboles de nuestro parque; cada animal que allí vivía me conocía y era amado por mí. La eventualidad de su muerte llenaba de dolor mi corazón de niña. No puedo contar la cantidad de pájaros que salvé durante los largos y rigurosos inviernos de aquel clima, ni los conejos y las liebres que defendí de los perros o cuyas heridas cuidé.

Tenía siete años cuando mi nodriza me dejó. Ahora no recuerdo la razón de su partida, si es que la supe alguna vez. Ella volvió a Inglaterra, y las amargas lágrimas que vertió al irse fueron durante muchos años las últimas que vi verter por mi causa. Mi pesar fue terrible, pues era mi única amiga en el mundo. Poco a poco, me reconcilié con mi soledad, pero nadie ocupó su lugar en mi corazón. Habitaba un país desolado donde: «No había nadie a quien glorificar y muy poco que amar[1]».

La verdad es que, en aquella época, veía más a menudo a mi tía, pero ella era de todas maneras un ser asocial y, para una niña tímida, se parecía a una planta recubierta por una espesa capa de hielo: me hubiese desgarrado las manos intentando alcanzarla. Así pues me encontraba totalmente entregada a mis propios recursos. Contrataron al vicario de la región para darme lecciones de lectura, de escritura y de francés, pero él no tenía familia y sus maneras eran, incluso para mí, del todo características de la profesión en la cual brillaba ante todo, la de maestro de escuela. Intenté alguna vez entablar amistad con la más atractiva de las niñas del pueblo vecino, pero me parece que, aun cuando mi tía no se hubiese interpuesto con su autoridad para impedir todo contacto entre los campesinos y yo, nunca lo hubiese conseguido. Ella temía que hablase escocés o cogiese el acento. La verdad es que ya lo tenía un poco, a pesar de los esfuerzos que hacían para que mi forma de hablar no deshonrase mis orígenes ingleses.

Cuando crecí, mi libertad se incrementó a la par que mis deseos, y mis vagabundeos me llevaron fuera de nuestro parque, hacia la campiña de los alrededores. Nuestra casa estaba situada en las riberas del lago, y el césped llegaba hasta el agua. Erraba a la aventura en el decorado salvaje de este maravilloso país, y me convertí en una auténtica montañesa: pasaba horas en el borde del precipicio que sobresalía dominando una cascada, o bien llevaba yo misma mi pequeña barca hacia una de las islas.

---

1 Wordsworth, W. "She dwelt among the untrodden ways", *Lyrical Ballads*, 1800

Erraba hasta el infinito en aquellas exquisitas soledades, recogiendo una flor tras otra: «Ond'era pinta tutta la mia vía[2]», cantando como podía las canciones del país, o sumergida por entero en mis dulces sueños. Mi mayor placer era gozar de un cielo sereno en aquellos bosques verdosos, aunque me gustaban todos los cambios de la Naturaleza: la lluvia, la tormenta, las maravillosas nubes del cielo traían consigo sus delicias.

Arrullada por las olas del lago, mi mente se elevaba triunfante, como un jinete sintiendo con orgullo los movimientos de su bien alimentado corcel.

Pero no obtenía placer más que de la contemplación de la Naturaleza, puesto que no tenía amigos: al no encontrar respuesta en el corazón de los humanos, mis cálidos afectos se veían forzados a perderse en objetos inanimados. A decir verdad, sin embargo, lloraba a veces cuando mi tía recibía mis caricias con disgustada frialdad y cuando, a mi alrededor, no encontraba a nadie para amar. Pero pronto sequé mis lágrimas al crecer y los libros vinieron, en cierta medida, a sustituir los contactos humanos. La biblioteca de mi tía era muy escasa: Shakespeare, Milton, Pope y Cowper eran los poetas curiosamente asociados en su colección. Entre los autores de prosa, mis favoritos eran una traducción de Tito Livio y una historia antigua de Rollin. No obstante, a medida que iba saliendo de la infancia, empecé a encontrar interesantes otros que, antes, había descuidado por considerarlos aburridos.

Cuando tuve doce años, mi tía pensó que debía aprender música: ella misma tocaba el arpa. Con mucha indecisión, llegó a la conclusión de que tenía que asegurar mi instrucción: juzgando necesaria para mi educación la realización de este proyecto, sopesó los inconvenientes de su participación con los

---

2 Para pintar todo mi camino. Alighieri, D. *"Purgatorio"* C. XXVIII, v. 42

de tener a alguien en casa para darme lecciones, y finalmente optó por la primera solución. Me compraron un arpa con el fin de que mi trabajo no incomodara el suyo, y comencé.

Me encontró dócil, y una vez adquiridas las primeras nociones, resulté ser una alumna dotada. El arpa fue para mí una compañera en los días de lluvia, un dulce consuelo cuando algún acontecimiento triste me alteraba. Muchas veces me dirigía a ella como a mi única amiga. Podía desahogar en ella mis esperanzas y mis amores imaginándome que sus dulces acordes me respondían. Ya está, he mencionado todos mis estudios.

Fui un ser solitario, y desde mi niñez, tanto como después de que se fuera mi amada nodriza, fui una soñadora. Daba vida a Rosalinda, Miranda y a la dama de Come para hacer de ellas mis compañeras, o bien representaba su papel en mi isla imaginándome en su situación. Unas veces me perdía en las quimeras de los demás, otras veces establecía relaciones de amistad e intimidad con las creaciones etéreas de mi propio cerebro. Pero apegándome a la realidad, daba un nombre a aquellos personajes imaginarios, y los cultivaba con la esperanza de que se volviesen reales.

Permanecía ligada al recuerdo de mis padres: a mi madre no la vería nunca, estaba muerta; pero la imagen de mi desafortunado padre errante era el ídolo de mi imaginación. Había canalizado todos mis afectos hacia él. Descubrí una miniatura suya que contemplaba sin cesar. Había copiado su última carta para leerla una y otra vez. A veces esto me hacía llorar, y otras repetía estas palabras con entusiasmo: «Algún día quizás pueda reclamárosla». Yo sería su consuelo, su compañera de los años venideros. Mi visión favorita era que, cuando hubiese crecido, dejaría a mi tía, cuya frialdad tranquilizaba mi conciencia, y, disfrazada de muchacho, buscaría a mi padre por el mundo.

Mi imaginación se fijaba en la escena de reconocimiento que tendría lugar gracias a la miniatura que llevaba siempre expuesta en mi pecho. Algunas veces, ocurría en un desierto, o en una ciudad populosa, en un baile, quizás nos encontraríamos en un navío. Sus primeras palabras eran siempre las mismas: «¡Hija mía, cuánto te quiero!».

¡Cuántos momentos de éxtasis habré tenido con estos sueños! ¡Cuántas lágrimas habré vertido! ¡Y cuántas veces pude reírme en alta voz!

Tal fue mi vida durante dieciséis años. A los catorce y quince años, pensé muchas veces que había llegado el momento de empezar esta peregrinación que, embaucándome a mí misma, consideraba ser mi absoluto deber. Pero la reluctancia por dejar a mi tía, el remordimiento por el disgusto que, sin poder ocultármelo, le daría para siempre, me retuvieron. En ocasiones, habiendo previsto mi evasión para el día siguiente por la mañana, una palabra de su parte, más afectuosa que de costumbre, me obligaba a aplazar mis proyectos. Me hacía a mí misma amargos reproches por lo que llamaba mi culpable debilidad, pero esta debilidad volvía cada vez que se acercaba el momento crítico, y nunca tuve valor para irme.

III

Cuando cumplí dieciséis años mi tía recibió una carta de mi padre. No puedo describir el tumulto de emociones que me asaltaron tras su lectura. Estaba fechada en Londres: ¡había vuelto! No pude expresar mis sentimientos más que con lágrimas, lágrimas de una alegría sin sombra. Había vuelto, y escrito para saber si mi tía iría a Londres o si él debía venir a verla a Escocia. ¡Cuánta ilusión me hicieron las palabras que en su carta se referían a mí!

«No puedo deciros», decían, «con qué anhelo deseo ver a mi Mathilda: ella es para mí la que hará la felicidad de mi vida futura, todo lo que existe en el mundo y me importa. Apenas puedo dominar el deseo de correr hacia vos, pero asuntos de suma importancia me retienen aquí por una semana, y escribo con la esperanza de que si venís aquí os podré ver un poco más pronto».

Leí estas líneas con avidez, las besé, lloré sobre ellas y grité: «Sí, me querrá».

Mi tía no quiso emprender tan largo viaje, y quince días más tarde, recibimos otra carta de mi padre, fechada en Edimburgo: decía que estaría con nosotras tres días después. Cuanto más se acercaba —escribía— más ardiente se hacía su deseo de verme, e intuía que el momento en que me tomase en sus brazos sería el más feliz de su vida.

¡Cuán duros me resultaron aquellos días! No podía comer ni dormir, no hacía más que leer y volver a leer la carta y, en la soledad de los bosques, imaginaba el momento de nuestro encuentro.

La víspera del tercer día me retiré temprano a mi habitación. No pude dormir, me pasé la noche dando vueltas en mi cuarto, y contemplé, cosa que puede hacerse en Escocia en el solsticio de verano, el sol carmesí orillando el horizonte septentrional en su recorrido. Al alba, me fui corriendo a los bosques, y las horas pasaron mientras me abandonaba a mis sueños insensatos que dieron alas al indolente paso del tiempo y entretuvieron mi loca impaciencia. Mi padre iba a llegar al mediodía, pero cuando quise volver para ir a su encuentro, me di cuenta de que me había perdido, y aparentemente todos mis esfuerzos para encontrar mi camino me sumieron más en el dédalo de los bosques mientras los árboles ocultaban todas las huellas que hubieran podido guiarme. Me puse nerviosa, lloré y me retorcí las manos, pero no pude orientarme.

Eran más de las dos cuando a la vuelta de un camino me encontré frente al lago, cerca de una caleta donde había una barquita amarrada: no estaba lejos de casa, y en el césped vi a mi padre y mi tía caminando juntos. Entré de un salto en la barca y, experta en este tipo de hazañas, la alejé de la orilla reuniendo todas mis fuerzas para cruzar el lago remando. Cuando me vio llegar, vestida de blanco, con la cabeza cubierta con mi única gorra escocesa y el pelo flotando sobre mis hombros, volando entre las olas, llevando mi barca a una velocidad apenas creíble, le recordé más a una aparición que a una criatura humana, solía decirme mi padre. Llegué a la orilla, mi padre sujetó la barca, salté y al instante estuve en sus brazos.

Entonces fue cuando empecé a vivir.

Todo a mi alrededor cambió, todo dejó de ser tétrico y uniforme para convertirse en un esplendoroso escenario de alegría y encanto. La felicidad que viví en compañía de mi padre superaba con mucho mis esperanzas más insensatas. Estábamos juntos para siempre y nuestros temas de conversación eran inagotables. Él había pasado sus dieciséis años de ausencia en las naciones casi desconocidas de Europa, había recorrido Persia, Arabia, la India del Norte y se había mezclado con los indígenas con una libertad de la que muy pocos europeos habían disfrutado. Las narraciones de costumbres, las anécdotas y descripciones de paisajes nos hacían pasar horas deliciosas cuando nos hallábamos cansados de hacer proyectos sobre nuestra vida futura.

Este tono de cariño era tan nuevo para mí que saboreaba con deleite sus palabras cuando decía lo que había sentido respecto a mí durante todos aquellos años de aparente olvido: «Al principio», explicaba, «no podía soportar pensar en mi pobre hijita, pero más adelante, cuando se alivió mi pesar y la esperanza volvió a mí, no pude sino volverme hacia ella: en medio de las ciudades y de los desiertos veía su carita de hada, tal como la imaginaba, pasar volando delante de mí. La brisa del norte que me refrescaba me era más suave si parecía traer consigo un poco de tu espíritu. Muchas veces, pensé volver sin más demora para llevarte conmigo a una isla donde hubiéramos vivido en paz para siempre. En el camino de vuelta mis fervorosas esperanzas se veían aniquiladas por temores variados, y mi impaciencia me hacía sufrir al máximo. No osaba pensar que el sol podía brillar y la luna alzarse, no sobre mi hija viva, sino sobre mi hija en la tumba. Pero no, no es así, y tengo a mi Mathilda, mi consuelo, mi esperanza».

Según la descripción que hacía de sí mismo mi padre

antes de sus infortunios había cambiado muy poco. ¿Pues no son acaso las relaciones con el mundo civilizado, la decepción de las esperanzas, las traiciones de los amigos o los eternos conflictos pasionales los que cambian el alma y enfrían el fervor de un corazón juvenil?

Los vagabundeos solitarios en países salvajes, entre seres de costumbres simples o bárbaras, pueden desgastar el cuerpo pero no consiguen domar el alma ni acallar el vigor ni el ardor de la juventud. El sol abrasador de las Indias y una libertad sin límites habían acrecentado más bien la energía de su carácter. Donde anteriormente se sometía, ya no admitía ahora ninguna prohibición que no le hubiese sido dictada por su propia ley. Había conocido tantas costumbres y tal variedad de creencias morales que se había visto obligado a forjar las suyas propias, independientemente de las del lugar. Por supuesto, sus primeras ideas influenciaron el asentamiento de sus principios, y algunos conceptos mal digeridos de estudiante convivían curiosamente con las deducciones más refinadas de aquella mente penetrante.

Durante todo el tiempo en que había permanecido desterrado de su país natal, no había experimentado más que indiferencia por la vida, lo cual tuvo un singular efecto sobre sus ideas. Comparados con los de su juventud, todos aquellos años pasados en el extranjero le parecían curiosamente irreales: todo el tiempo que había pasado fuera de Inglaterra le parecía un sueño, mientras que todo lo que animaba su espíritu y conservaba su afecto pertenecía a los acontecimientos y a los seres que habían existido dieciséis años antes. Era sorprendente ver cómo evocaba todos aquellos años como si se hubieran tratado de una noche de visiones, mientras que sus recuerdos de juventud, muy diferentes de los posteriores, no habían perdido nada de su realidad. Hablaba de mi madre como si hubiese estado viva algunas semanas antes, no porque manifestara un dolor agudo, sino porque la descripción de lo que era, los relatos y las anécdotas que a ella se referían poseían una vida y una nitidez que así lo hacían creer. En todo ello había una extrañeza que me fascinaba y me encantaba: era como si, una vez despierto de su largo sueño alucinatorio, se sintiera un poco como Nourjahad en alguna encantadora imitación de un cuento oriental: Diana ya no existía, sus amigos habían cambiado, o habían muerto, y ahora, en el momento de su despertar, yo era todo lo que le quedaba sobre la tierra, la única depositaria de su cariño. Cuán entrañables se me hicieron las aguas, las montañas y los bosques del Lago Lomond ahora que tenía para mis paseos a ese compañero al que tanto amaba. Visité con mi padre todos los escondrijos maravillosos, las islas, las cascadas bordeadas de árboles, los caminos umbríos, los valles arbolados invadidos por helechos y hierbas salvajes. Mi mente se ensanchaba gracias a su conversación: era como un renacimiento para mí, me sentía invadida por todo el frescor y la vida de un ser nuevo. Desde su llegada era como si, desde un lugar angosto de la tierra, me hubieran transportado a un universo donde la inteligencia y la imaginación no conocían límites. Ayer todavía mi vida, como un riachuelo entre los campos, jamás hubiese dejado su tierra natal, y una vez cumplido su curso, se hubiera reabsorbido tranquilamente sin dejar rastro alguno, pero ahora me veía como un río cambiante cruzando regiones fértiles y soberbias, siempre diferentes y siempre magníficas. ¡Ay de mí! ¡Ignoraba qué desierto iba a alcanzar! Ignoraba qué rocas romperían sus aguas y qué escena horrible, cien veces deformada, reflejarían sus ondas: en aquel entonces la vida resplandecía.

Empezaba a tener esperanzas o proyectos, ¿y quién introduce en el corazón aflicción más amarga que las esperanzas destruidas? ¿No es extraño ver cómo el dolor sucede tan rápidamente a la felicidad más divina? Había bebido de una copa mágica que en el fondo de su larga dulzura solo ocultaba hiel. Mi corazón estaba lleno de un afecto profundo y se sentía en paz con aquella plenitud.

Jamás había pensado que el sufrimiento pudiera surgir del amor, y esta lección que todo el mundo acaba aprendiendo me fue dada de una forma que muy pocos habían sufrido. Ahora lloro y siempre lloraré por aquellos meses demasiado breves de beatitud en el Paraíso. Sin haber desobedecido jamás y sin haber mordido ninguna manzana, fui arrojada brutalmente fuera de él. Ay de mí, mi compañero fue el culpable, y él fue quien me arrastró en su caída. Pero me estoy alejando de mi relato: dejemos que los pesares lleguen en su momento, y, en este punto de mi narración, gocemos todavía de la felicidad.

Habíamos pasado tres meses de convivencia perfecta cuando mi tía se puso enferma. Estuve un mes entero en su habitación cuidándola, pero su enfermedad fue fatal y murió, dejándome desconsolada por un tiempo: la muerte es tan terrible para los vivos, y los lazos de la costumbre son tales, que aun cuando no se hallan soldados por el afecto, el corazón muere cuando se rompen. Pero para consolarme y sustituir los recuerdos amargos por brillantes esperanzas, mi padre se encontraba a mi lado, y yo pensaba que era dulce sufrir si él podía enjugar mis lágrimas.

Una vez más me supo apartar de mi pena comparándola con la desesperanza que le produjo la pérdida de mi madre. También entonces me estremecí oyéndole describir sus pasiones. Tenía la imaginación de un poeta, y cuando evocaba la tempestad que arrasó su corazón, daba tanta vida a sus palabras y las animaba tanto que sus pasiones parecían reales y me hacían temblar. Yo me preguntaba cómo había podido amar de nuevo la vida después de que el desenfreno de su mente le introdujera en el mundo de lo sobrenatural. Las ideas que manejaba al hablar eran tan formidables que el corazón humano parecía demasiado limitado para concebirlas siquiera. Ostensiblemente, sus sentimientos eran más propios del espíritu que habita el volcán y el terremoto, que del que anima un cuerpo mortal o una figura humana. Pero todo aquello no era más que un simple recuerdo, pues había cambiado desde entonces, y ya no era más que amor y dulzura. Cuando mis ojos asombrados se posaban en él mientras hablaba, la sonrisa de sus labios me revelaba que las pasiones más amables habitaban su corazón.

Dos meses después de la muerte de mi tía fuimos a Londres adonde mi padre me llevó para realizar estudios más serios que los que me habían ocupado hasta el momento. Mis progresos le hacían feliz: estaba constantemente conmigo mientras estudiaba, y asistía a cada una de mis clases, cuando no las recibía conmigo. Veíamos a mucha gente, y no pasaba un solo día sin que mi padre cuidara de embellecerlo con algún nuevo entretenimiento. El tierno afecto que sentía por mí, el amor y la veneración que yo a cambio le dedicaba daban un encanto especial a cada momento que transcurría. Cada minuto que pasábamos juntos hacía más largas y agradables las horas, vivíamos más en una semana que cualquiera en varios meses, y la variedad constantemente renovada de nuestras distracciones nos llenaba de vida.

Dedicábamos nuestro tiempo a los paseos: para ir a admirar bellos paisajes, bellos cuadros, o a veces, simplemente, para descubrir nuevos placeres. Siempre me sentía feliz cuando estaba junto a mi padre. Si otra persona se unía a nosotros, me entristecía, pero cuando, trastornada, me volvía hacia mi padre, sus ojos sobre mí, radiantes de ternura, devolvían inmediatamente su alegría a mi corazón. ¡Oh! ¡Qué horas de delicias tan intensas! Tan cortas como fuisteis, parecéis haber durado una vida entera cuando, retrospectivamente, os evoco a través de la niebla de pesadumbre que se levantó inmediatamente después para apartaros de mi vista. Fuisteis la última felicidad de la que jamás pude gozar: algunas semanas apenas, y todo aquello quedó destruido. Como Psyque, viví durante un tiempo en un país de ensueño, entre perfumes, músicas y maravillas suntuosas, hasta el día en que fui arrojada sobre un perdido islote rocoso para ser mecida por las olas de una desesperanza infinita: todo se volvió negro en los cielos, y mis ojos se cerraron mientras no veía más que muerte a mi alrededor.

Sin embargo, no quisiera apresurarme, y sí detenerme para siempre en los recuerdos de esos días felices, repetir cada palabra y, mientras los tenga presentes, evocar uno a uno todos los encantamientos de este paraíso de ensueño. Pero no, no debo detener mi relato y precipitarlo del mismo modo que mi destino. Solo puedo describir, utilizando términos breves pero vigorosos, el tránsito brusco pero irremediable de mi felicidad a la desesperación.

IV

Entre nuestros visitantes más asiduos se encontraba un joven de rango, muy discreto y apuesto. Hacía varias semanas que estábamos en Londres cuando me pareció notar que se acentuaban sus atenciones y menudeaban sus visitas. Yo misma estaba demasiado atareada con mis propias ocupaciones y sentimientos para prestarle mucha atención y, de hecho, solo superficialmente me daba cuenta de lo que ocurría a mi alrededor. Pero ahora recuerdo que mi padre estaba nervioso y a disgusto cada vez que esa persona nos venía a ver, y contemplaba con ansiedad cómo hablábamos a la vez que él permanecía en profundo silencio. De hecho esas ridículas visitas cesaron bruscamente, y es en ese momento en el que situaré el cambio de mi padre, cambio cuyo recuerdo me hace temblar y me sumerge en la más profunda de las penas. Mi caída desde la felicidad a la desesperación no fue progresiva, no, fue tan repentina y fulgurante como el relámpago.

¡Ay de mí! Donde antes encontraba sonrisas, ahora surgían miradas severas. Él, mi amado padre, me evitaba y me trataba con rudeza o con una frialdad que me rompía aún más el corazón. Nunca más volvimos al dulce consenso y, cuando intentaba hacerle volver a mí, su cólera y los horribles sentimientos que dejaba entrever me reducían al silencio y a las lágrimas.

Todo esto llegó de repente: la vigilia habíamos pasado el día los dos solos en el campo donde, recuerdo, estuvimos hablando de los futuros viajes que haríamos juntos.

Nuestras voces y gestos testimoniaban un ardiente placer que nacía de nuestro profundo amor mutuo y de una confianza sin límite. Pero allí, al día siguiente, le veía con el ceño fruncido, los ojos fijos en el suelo con un furor obstinado, y su voz, que me resultaba tan tierna y sincera, me hacía temblar cuando se dirigía a mí. A menudo, cuando las diversas imágenes de mi imaginación errante traían a mi corazón bien consuelo, bien el recrudecimiento de mi pesar, me comparaba a Proserpina, cogiendo flores despreocupada y alegre sobre la suave llanura del Enna, antes de ser raptada por el dios de los infiernos y conducida al lugar del dolor y la muerte. ¡Qué terrible! Yo, que conocí tan tarde la alegría de vivir, yo que cuando me acostaba era únicamente para tener dulces sueños y para despertarme en una felicidad incomparable, en el presente, pasaba llorando los días y las noches. Yo, que busqué y encontré la felicidad en ese padre cuyo rostro reflejaba amor, ahora, cuando me atrevía a posar en él una mirada de súplica, me respondía sistemáticamente una expresión cerrada y llena de cólera.

Hablarle me hacía temblar y, cuando alguna vez había reunido el coraje necesario para ir hacia él y pedirle explicaciones, una sola mirada sobre su rostro, en el que veía conformarse un caos de terribles pasiones, me horrorizaba y me reducía al silencio. Fui brutalmente arrojada desde el Paraíso a la Tierra, como un gorrión espantado por un halcón. Mis ojos estaban bañados en lágrimas y mi espíritu confundido por la súbita aparición del dolor. Los días se sucedían marcados únicamente por mis quejas y mis lloros.

De vez en cuando, volvía a tener algo de valor rezando en vano para que el paso de la felicidad a la desgracia fuera un poco más clemente, o para que no se me rehusara el permiso de morir y desaparecer para siempre, barrida por ese hado funesto que me había golpeado.

Pues ¿qué haría yo aquí
como una flor que se marchita,
herida sin cesar por las palabras amargas
de aquel cuyo ardor debería volver a dar la vida
a mi corazón en el llanto[3]?

A veces me decía: todo esto es a causa de un sortilegio contra el que debo luchar; mi padre ha sido cegado por una visión maligna de la que le he de librar. Entonces, igual que David, intentaba vencer su mal espíritu con la música, y una vez en que me hallaba cantando y elevé mis ojos hacia él vi los suyos llenos de lágrimas: sus músculos parecían relajados. Me precipité sobre él con un grito de alegría y me lancé a sus brazos, pero me rechazó brutalmente y se fue. A partir de ese incidente, su expresión se hizo todavía más sombría y su severidad más amarga.

Podría explicar gran número de incidentes reveladores del desarreglo incomprensible de su espíritu, pero solo mencionaré uno, que tuvo lugar mientras estábamos en compañía de otras personas. En esa ocasión me arriesgué a decir que en mi opinión, Mirra era la mejor tragedia de Alfieri y, mientras lo mantenía, procuraba mirar de reojo a mi padre. Por primera vez me desagradó la expresión de sus ojos bien amados, y vi con angustia cómo su cuerpo se sacudía con una emoción oculta que habitaba en él a pesar de sus esfuerzos: a medida que la tempestad se fue calmando en su espíritu, se puso melancólico y silencioso.

Cada nuevo día era testigo de una nueva escena que mostraba cómo su espíritu estaba dominado por un horror misterioso al que todavía podía dominar, pero que a veces

<hr>

3 Fletcher J. Beaumont F., "The Captain", *The Beaumont and Fletcher folios*, 1647

amenazaba con poner en peligro su razón precipitando los brillantes fundamentos de su inteligencia en un caos perpetuo.

No me extenderé más de lo necesario en estos acontecimientos desastrosos.

Podría pasar días enteros describiendo la ansiedad con la que observaba cada cambio fugaz que hubiera podido anunciarme días mejores, y el desespero con el que comprendí que cada uno de mis esfuerzos agravaba su aparente locura. Para expresar todo mi dolor, podría contar las lágrimas que han derramado mis ojos o los suspiros que se han desprendido de mi corazón. No me extenderé en todo esto, pues encierra un horror que no requiere elocuencia, y traer esas tristes escenas a la memoria puede hacer que la muerte me cubra con su sombra una segunda vez.

¡Oh, mi amadísimo padre! Sí, vos me habéis hecho infeliz más allá de las palabras, pero sin embargo, de todo corazón os perdoné entonces, y poseíais mi corazón entero mientras intentaba, «arcoíris refulgiendo sobre una cascada», mitigar esas penas que tanto os atormentaban.

He aquí cómo aconteció el cambio.

Quizá parezca precipitar mi relato, pero fue así como sucedieron las cosas, tan bruscamente. En una frase, pasé de la idea de una felicidad indecible a la de un dolor igualmente extremado, que de esta manera quedaban ligadas estrechamente la una a la otra. Habíamos pasado cinco meses en Londres, tres en la felicidad y dos en la aflicción. En aquel entonces mi padre y yo casi nunca estábamos solos y, cuando eso ocurría, en general permanecía callado con los ojos bajos, esos ojos oscuros y profundos en los que antes me regocijaba leyendo esa tierna y dulce emoción que él escondía a mi vista tras sus párpados y las largas pestañas que los bordeaban. Cuando había gente, procuraba mostrarse alegre, pero yo lloraba al oír su falso regocijo que comenzaba por una sonrisa vacía y acababa a menudo en un rictus amargo con el que nunca, antes de ese periodo fatal, había visto torcer su boca. En presencia de otras personas solía hablarme, y sus ojos seguían sin cesar el menor de mis gestos.

Y cuando se dirigía a mí, lo hacía con palabras frías y de compromiso, aunque su voz temblaba al notar que la respuesta a esas palabras, proferidas en un tono que yo desconocía, quedaba sofocada en mi corazón.

Pocos eran los días de apacible melancolía y con frecuencia eran interrumpidos por arrebatos de pasión que me transportaban, como a un barco perdido en un mar de elementos desencadenados, en busca de un remanso en el que resguardarme: pero era de mi puerto natal de donde soplaban los vientos que me arrastraban lejos, muy lejos, hasta que aparecía destrozada cuando, pasada la tempestad, el mar recobraba su calma aparente. No sé si puedo describir sus emociones: a veces las traicionaba una palabra o un gesto cuando se retiraba a su habitación, a la que me acercaba con sigilo para espiar, temerosa, cada ruido, sospechando todavía más cuando se producía un silencio súbito, sospechando no sabía qué, pero siempre embargada por el temor.

Fue después de uno de esos terribles días en los que me había lanzado una tenebrosa mirada, rota y descompuesta la voz, visiblemente incapaz de expresar la amplitud de sus emociones, cuando, con la expresión calmada, vino a buscarme un atardecer, sin darse cuenta de las lágrimas que enjugué furtivamente mientras se acercaba, para decirme que tenía la intención de retirarse conmigo a su propiedad de Yorkshire al cabo de tres días, y rogarme que hiciera los preparativos.

Esta decisión fue ciertamente una sorpresa para mí. En esa propiedad él había vivido durante su infancia y allí cerca habitó mi madre cuando era niña. Fue el escenario de sus amores de juventud, y allí vivieron después de contraer matrimonio. En los días felices, a menudo mi padre me dijo que aunque en apariencia parecía curado de la tristeza producida por su muerte, y aunque se sintiera liberado de sus dolorosos recuerdos en cualquier lugar, no se arriesgaría a volver al sitio donde había gozado con su compañía, ni a volver a ver la casa en la que habían vivido hacía tantos años, sus paseos preferidos o los jardines en los que a ella tanto le gustaba cultivar flores. Y era precisamente en el momento en que padecía un inmenso dolor cuando había decidido infligirse uno mayor y partir en busca de una emoción todavía más fuerte que la que le estaba destruyendo. Estaba perpleja y ansiosa por saber qué ocurriría: ¿qué podía ser sino una desgracia?

Vi poco a mi padre durante esos días, pero me pareció más calmado aunque tan desgraciado como antes. La mañana del tercer día me informó que había decidido marcharse él solo a Yorkshire y que yo debía reunirme con él al cabo de quince días, si no me ordenaba otra cosa en el intervalo. Partió el mismo día, y cuatro después recibí una carta de su administrador pidiéndome en su nombre que me reuniera con él lo antes posible.

Después de haber viajado día y noche, llegué con el corazón inquieto pero, sin embargo, lleno de esperanzas: ¿por qué me habría llamado si sus intenciones fueran las de evitarme y manifestarme la misma aversión que la que me mostró en Londres?

Nos encontramos a doce leguas de la casa. Tenía un aspecto triste. Durante un momento pareció contento de verme, pero luego, como si deseara no traicionar sus sentimientos, se reprimió. Permaneció en silencio durante el viaje aunque su actitud era más amable que días antes, y me pareció ver en sus ojos una dulzura que me dio esperanzas. Al llegar, después de un pequeño descanso, me condujo a la casa para mostrarme las habitaciones en las que había vivido mi madre. Aunque hubieran pasado dieciséis años desde su muerte, no había cambiado nada: su costurero, su escritorio estaban intactos, y en su dormitorio un libro permanecía sobre una mesa tal como ella lo había dejado. Mi padre me explicaba estos detalles con una expresión seria e impasible, sin que sus ojos profundos y límpidos se fijaran en mí más que breves instantes; pero en su mirada había algo extraño y terrible que acabó por hacerme llorar muy a mi pesar. No intentó consolarme, pero vi que sus labios temblaban y que los músculos de su cara se agarrotaban.

Caminamos juntos por los jardines y cuando, por la noche, quise retirarme, me pidió que me quedara a leerle un poco, primero con estas palabras: «La última vez que estuve aquí, tu madre me leía a Dante. Continúa donde ella se detuvo…» para decir un instante después: «No, es mejor que no. No leas a Dante. Escoge un libro». Tomé a Spencer y leí el descenso de Sir Guyon a la morada de la Avaricia. Mientras me escuchaba, conservaba los ojos fijos en mí, en un silencio triste y profundo.

A la mañana siguiente supe por el administrador que había estado muy enfermo desde su llegada: pasó la primera noche en el jardín sobre la hierba mojada sin dormir, gimiendo sin cesar. «Querida niña», me dijo el buen hombre con los ojos cubiertos de lágrimas al evocar aquello, «me destroza el corazón ver al amo en ese estado. Cuando supe que venía con vos, mi joven señora, creí que iban a volver los hermosos días que conocimos en vida de vuestra madre. Pero era demasiada felicidad para nosotros, pobres humanos nacidos para llorar; y si ella nos dejó tan pronto, es que era demasiado bella y demasiado buena para nosotros. ¡Qué hermosa estaba, todos lo dijeron, el día que el señor la desposó! Yo la conocí cuando era pequeña, ¡y no sabe la de travesuras que me llegó a hacer en los tiempos de nuestra anciana señora! Vos os parecéis a ella, aunque hay más del señor en vos. Pero ¿siempre está así desde que ha vuelto? Toda mi alegría se ha convertido en dolor al verle franquear estas puertas con la misma melancolía en el rostro que tenía después de los funerales de la señora. Pareció que mejoraba un poco después de pedirme que os escribiera, pero aun así, ¡qué triste es verle tan desgraciado!». Si esos eran los sentimientos de un viejo y fiel servidor, ¿cuáles podían ser los de una amante hija? También en ese momento tenía el corazón casi destrozado.

Permanecimos dos meses en esa casa, pasando, mi padre, la mayor parte de su tiempo conmigo, acompañándome en mis paseos, escuchando cómo tocaba música, inclinándose sobre mí cuando leía o me peinaba. Al conversar conmigo, lo hacía de una forma fría y envarada; solo sus ojos parecían hablar: oscuros y brillantes, con la mirada vuelta hacia mí, expresaban una viva tristeza. Había algo tan límpido en el negro profundo de sus ojos, tan intenso, que incluso cuando éramos felices no podía someterme a su fulgurante explosión sin que los míos se inundaran de lágrimas: pero entonces eran dulces, pues en su tierno ruego había un dolor tan intenso que me rompía el corazón de compasión. Sus ojos parecían desear paz para mí y un corazón resistente al sufrimiento para él; parecían implorar amor, sin cesar de negarlo al mismo tiempo. Solo cuando yo estaba lejos de él se dejaba embargar por la pasión, manos crispadas, ceño fruncido, ojos huraños llamando a la muerte, desesperado, en un delirio total, hasta que se derrumbaba agotado, o mi llegada le devolvía a la vida.

Cuando estábamos en Londres, su dolor se hallaba revestido de un aspecto rudo y tosco que en el presente había desaparecido por completo y, si bien allí yo procuraba evitarle y huía de él, ahora no deseaba otra cosa que estar a su lado para intentar apaciguarle. Cuando permanecía callado, yo hacía lo posible por divertirle y si, en alguna ocasión, lograba alejarlo de la fuerza destructora de su pasión, lloraba pero continuaba junto a él. ¡Y sin embargo él sufría mil muertes! Durante el día, estaba más tranquilo; pero por la noche, cuando no podía quedarme con él, daba libre curso a su dolor. A veces pasaba la noche sobre el suelo de la habitación de mi madre o en el jardín, y cuando, por la mañana, se daba cuenta de la profunda pena que me causaba ver su cuerpo agotado y la debilidad casi mortal de su persona, lloraba. Pero jamás dijo una palabra que pudiera indicarme la causa de su infortunio. Si me aventuraba a preguntárselo, se marchaba o ponía un dedo sobre sus labios, y con una mirada de desaprobación a la que yo no podía responder, se iba a cualquier otro sitio. Cuando veía mis lágrimas, me miraba en silencio pero sin dureza; y si rechazaba mis caricias lo hacía con dulzura.

En apariencia cultivaba una tristeza más ligera y emociones más suaves aunque siempre dolorosas, que recordaban el apaciguamiento que sigue a la desesperación. Intentaba por todos los medios conservar su melancolía como un antídoto a las pasiones más desquiciadas. Frecuentaba sin cesar los paseos preferidos en los tiempos en que, con mi madre, conversaba de amor y felicidad. Recogía cualquier reliquia que pudiera hablarle de ella, y siempre se sentaba frente a su retrato, colgado en la habitación, mirándolo fijamente con aspecto de triste desesperanza; todo esto en el silencio de la noche, cuando la pasión le embargaba y andaba errante por toda la casa en las horas en que todos los demás dormían.

Se podrá imaginar fácilmente que yo me deshacía en conjeturas para adivinar la causa de su dolor. Lo que me parecía más probable era que, habiéndose enamorado durante su estancia en Londres de una persona indigna, era presa involuntaria de esa pasión, que me amaba demasiado para sacrificarme por esa inclinación, y que si había vuelto a esa casa era con la idea de que, al reanimar el recuerdo de mi madre a la que tanto había adorado, conseguiría debilitar sus terribles emociones.

Era una posibilidad. Pero esa conjetura se apoyaba en el vacío. Y ¿dónde estaba el fallo? Era demasiado noble y recto para haber hecho algo que su conciencia no pudiera aprobar. Yo no sabía que los sentimientos involuntarios pueden ser crímenes, y atribuía enteramente a los combates de su alma sus agitados movimientos y sus negras miradas, sin pensar que en parte eran debidas al peor de todos los demonios: el remordimiento.

Sin embargo continuaba pensando que todo aquello iba a acabar. Por más terroríficos que fueran los paroxismos de su pasión, su alma los atravesaría victoriosa aunque saliera casi rota de esa lucha. Y ese día hubiera llegado si yo, pobre loca presuntuosa, no le hubiera acosado hasta que no quedara ninguna esperanza de retorno. Mi permanencia en ese terrible combate dio la victoria al enemigo que triunfó sobre él dejándole vencido. ¡Yo! Únicamente yo era la causa de su derrota y, por lo tanto, fue justo que me tocara pagar esta pena terrible. Yo me decía: que reciba compasión y pararán esas luchas; que confíe su pena a otro corazón y quedará reducida a la mitad. Me aceptará. No puede rehusar decirme cuál es su mal y, conocido el secreto, con un bálsamo daré paz a su alma: volveré a disfrutar del placer delicioso de conocer su sonrisa, volveré a ver cómo brillan sus ojos, si no de placer, por lo menos de ese tierno amor lleno de agradecimiento. Así haré, me decía. Y lo hice a medias. Conocí su secreto, que nos perdió a uno y a otro para siempre.

V

Había pasado casi un año desde el retorno de mi padre, y las estaciones estaban a punto de acabar su ciclo: eran los últimos días de mayo. Los bosques estaban vestidos con su más nuevo verdor, y el olor exquisito de hierba fresca cortada inundaba los campos. Creía que el aire dulcemente perfumado y la Naturaleza con su bello rostro me ayudarían a inspirarle sentimientos apacibles, y a devolverle esa serena impresión de paz y de amor que le llevaría a las confidencias que estaba completamente decidida a arrebatarle.

Escogí para ello el atardecer de uno de esos días. Le invité a pasear conmigo, y le conduje a un vecino bosque de hayas cuya delicada sombra nos protegía de la cegadora luz de los rayos oblicuos de la puesta de sol. Después de haber caminado un rato en silencio, me senté con él sobre un pequeño montículo recubierto de musgo. Es curioso pero todavía ahora me parece ver el lugar, los troncos delgados y lisos rodeados de numerosas hiedras cuyas hojas oscuras y brillantes resaltaban sobre el tono blanco de la corteza y la palidez de los brotes jóvenes de haya que surgían de los troncos que los habían engendrado. La hierba rasa se mezclaba con el musgo recubierto en parte por las hojas muertas del otoño anterior que el viento, aquí y allá, había reunido en pequeños montoncitos; también había otros formados por leños recubiertos de musgo. La brisa agitaba dulcemente las hojas y, a través de la bóveda de los árboles, se adivinaba un deslumbrante cielo azul.

Cuando llegó la noche, los troncos lejanos se volvieron púrpura, el viento desapareció, y delante de nosotros pasaron volando algunos pájaros hacia su reposo vespertino. Estábamos sentados allí los dos, en ese apacible lugar que, de no haber sido escenario de esas extrañas pasiones, hubiera podido ser un paraíso para nosotros, y al hablar de ese pasado, ese terrible pasado que destrozó nuestras almas, ¿cómo no extrañarse de que lo recuerde tal como era, de que su serenidad me proporcionara calma y me inspirara, más allá del coraje, las palabras adecuadas? Lo vi todo y lo grabé sin darme cuenta, mientras me esforzaba en ordenar mis ideas para expresarlas. El corazón me latía cuando me preparaba a hablarle y, aunque estaba firmemente decidida a que no me rechazara, temblaba pensando en el efecto que mis palabras le causarían. Finalmente, después de una larga duda, comencé:

«Vuestra gentileza hacia mí, queridísimo padre, y el cariño, el enorme cariño que me manifestasteis tras vuestro retorno, espero que excusarán la libertad que me tomo al dirigirme a vos sin duda como una hija cariñosa, pero también con el lenguaje franco de un amigo y de un igual. Os ruego que me perdonéis y me prestéis atención. No os apartéis de mí, no mostréis impaciencia. Podéis hacerme callar pero mi corazón estalla, y no sabría cómo continuar soportando en adelante la incertidumbre que me mata y que ha marcado mi suerte en estos últimos cuatro meses.

»Escuchadme, amigo querido, y dejadme ganar vuestra confianza. Aquellos felices días de mutuo amor ¿deben ser para mí un sueño que nunca ha de volver? ¡Ay de mí! Vos tenéis un dolor secreto que nos destruye a los dos: debéis dejarme alcanzar ese secreto. Pero decidme, ¿no hay algo que yo pueda hacer? Bien sabéis que no hay sobre la Tierra ningún sacrificio al que yo no consintiera, ningún empeño que no quisiera emprender, si ello me proporcionara la menor esperanza de dulcificar vuestra pena.

Pero si ninguno de mis esfuerzos puede contribuir a vuestra felicidad, dejadme al menos conocer vuestro dolor, para que, con mi sincero amor y verdadera compasión, pueda, con mano segura, calmar vuestra desesperación.

»Temo que mis palabras sean muy comedidas: lo que ocurre es que mi corazón se desborda con el deseo apremiante que tengo de llevar la calma tanto a vuestros pensamientos como a vuestras miradas. Pero tengo miedo de agravar vuestra pena o de suscitar en vos esa cólera y ese enfado que me matan. Vamos, dejad por un momento de mirar al suelo, levantad los ojos hacia mí, pues en ellos puedo ver vuestra alma. Habladme y perdonad mi audacia. ¿No soy yo acaso el ser más desgraciado de la Tierra?».

La emoción me había dejado sin aliento e hice una pausa fijando en mi padre mis ojos ardientes, no sin antes haber apartado las lágrimas inoportunas que los habían velado.

No levantó los suyos, pero, después de un breve silencio, replicó en voz baja:

«Con seguridad sois presuntuosa, Mathilda, presuntuosa y muy temeraria. Un corazón como el mío abriga pensamientos secretos, torturas escondidas que vos no deberíais intentar conocer. No sabría deciros cómo aumenta mi pena el saber que soy causa de tormentos para vos; pero todo esto acabará y pronto volveremos, espero, a estar como hace unos meses. Calmad vuestra impaciencia o podríais empeorar lo que estáis intentando sanar. No volváis a hablarme nunca más como lo acabáis de hacer, esperad paciente y sumisa lo que va a ocurrir».

«¡Sí, eso es! —repliqué yo con fuerza—, ¡voy a ser paciente

y nunca más volveré a ser presuntuosa ni temeraria, sí, contemplaré cómo sufre mil muertes, cómo llora, cómo se desespera mi padre, mi único amigo, mi esperanza, mi abrigo, con los brazos cruzados y los ojos bajos! Vos no sois franco conmigo, lo que decís no es leal: no, todo esto no va a acabarse un día sino que durará eternamente si vos no os dignáis abriros a mí y recibir mi consuelo.

»¡Querido, queridísimo padre, tened piedad de mí y perdonadme: os suplico que no me dejéis en la desesperación, no debéis rechazarme! No importa la tortura que me cause conocerlo, hay algo que debéis decirme. Os lo pido, os pregunto lo más solemnemente posible si soy yo de alguna forma la causa de vuestro infortunio. ¿No veis las lágrimas contra las que lucho en vano? ¿Escucháis sin enterneceros mi voz entrecortada por los sollozos? Notad cómo tiemblan mis manos. Pongo mi corazón en lo que voy a deciros: no intentéis hacerme callar mediante palabras que no sirven de nada. La duda que me acosa me sitúa en la agonía y vos debéis contestarme, a eso os conjuro, por el amor que me profesasteis en otros días y que ahora se ha perdido, yo os requiero a que me contestéis a esta única pregunta: ¿soy yo la causa de vuestros infortunios?».

Levantó los ojos del suelo, aunque los conservó apartados de mí, y respondió:

«Ya que me habéis conjurado, voy a responderos a esa pregunta desquiciada. Sí, vos sois la única y mortal causa de todo lo que sufro y sufriré hasta mi muerte. Ahora, tened cuidado, no digáis una sola palabra más y no me empujéis a perderos. Estoy siendo golpeado por la tempestad, sin raíces, perdido, mientras que vos sois joven y vuestras pasiones están en paz. Una sola palabra más os llevaría a la ruina. Y sin embargo esa palabra baila sobre mis labios: ¡Ah! ¡El espantoso abismo! Pero, yo os conjuro, ¡tened cuidado!».

«¡Oh! mi muy querido amigo—exclamé—, ¡no temáis nada! Decid esa palabra que traerá la paz y no la muerte. En cuanto a ese abismo, si es que existe, nuestro mutuo amor nos dará alas para franquearlo, y en el otro lado hallaremos flores, hojas y delicias».

Me lancé a sus pies, tomé sus manos: «¡Hablad, sí, y seremos felices! No habrá más dudas, más horribles incertidumbres. Creedme, mi amor sabrá acallar vuestras penas. Decid esa palabra, alejaréis cualquier peligro, y nos amaremos el uno al otro para siempre, como antes».

Arrancó sus manos de las mías y se levantó de un salto presa de la más violenta emoción:

«Pero ¿qué queréis decir? No sabéis lo que decís. ¿Por qué provocarme, torturarme, tentarme, matarme? Sería mejor tanto para vos como para mí que, en vuestra frenética curiosidad, me arrancarais el corazón del pecho para leer los secretos en la sangre que se escapase gota a gota… Me consolaríais entonces reduciéndome a la nada, pero no puedo soportar vuestras palabras; me van a volver loco, verdaderamente loco, me harán decir despropósitos… Los creeréis, y estaremos perdidos uno y otro para siempre… Os lo aseguro, estoy al borde de la locura: ¿por qué, hija cruel, queréis empujarme más adelante? ¡Tendréis remordimientos y causaréis mi muerte!».

Al evocar estas palabras, me asombro de mi loca obstinación y no sé a ciencia cierta qué irresistibles sentimientos me empujaron con tanta fuerza. Sin duda debió de ser que, al haber comenzado con la intención firme de no ser rechazada, perseguía mi fin a cualquier precio, sin sopesar, como debía, el alcance de sus respuestas. Llevada por la pasión, lo conduje con mi desquiciada inconsciencia hacia el abismo que tanto temía, y repuse así a sus prudentes palabras:

«Vos me asustáis, es cierto, querido padre, pero no hacéis sino confirmarme en mi deseo de poner fin a todas mis dudas. No me dejaré disuadir así como así: ¿creéis que es posible vivir de esta forma, día tras día, en este horrible temor, con una espada suspendida sobre mi corazón? ¡Por una palabra! Os suplico que me digáis esa terrible palabra, aunque se convierta en el rayo exterminador, ¡decidla! Dios mío, ¿qué es lo que me ocurre? Hace solo unos meses yo creía serlo todo en la vida para vos, creía que no existía ni una felicidad ni un dolor en el mundo que vos no compartierais con vuestra Mathilda, vuestra hija. Esos tiempos felices han terminado, lo que más he temido en este mundo ha llegado y, en la desesperanza de mi corazón, veo lo que no podéis esconder: ya no me queréis. Os lo suplico, padre mío, ¿no se ha adueñado de vuestro corazón una pasión desnaturalizada? ¿No soy yo el gusano más miserable de este mundo? A mí, abrazada a vuestras rodillas, ¡me rechazáis con crueldad! Sí, lo sé, lo veo, ¡me odiáis!».

Estaba transportada por una emoción violenta y, levantándome del suelo donde me había postrado a sus pies, me apoyé en un árbol elevando mis extraviados ojos al cielo. Empezó respondiéndome con violencia: «¡Sí, sí, os odio! ¡Sois mi castigo, mi veneno, mi hastío! ¡No, no!».

Entonces cambió su cara y, fijando sus ojos en mí de un modo que hizo estremecer cada nervio y cada miembro de mi cuerpo: «No, ¡vos no sois nada de eso! ¡Sois mi luz, la única, mi vida! Hija mía, os amo».

Sus últimas palabras se apagaron en un suspiro ronco, pero las oí y caí al suelo, cubriéndome el rostro, muerta de miedo y de locura. Un sudor frío cubría mi frente y todos mis miembros temblaban, pero él continuó, apretando sus manos con frenesí:

«¡Ya está! Me he lanzado de lo alto del abismo, me he precipitado a esa profundidad terrorífica, ha pasado el peligro, ¡todavía conservo la vida! ¡Oh! Mathilda, levanta esos amados ojos a la luz que me conserva con vida, déjame escuchar el dulce acento de tu querida voz en la calma y en la paz. Aunque yo sea un monstruo, tú continúas siendo lo que siempre has sido, encantadora y maravillosa más allá de las palabras.

»¿En qué me he convertido en este instante que acaba de pasar? No sé, quizá he cambiado de rostro como el arcángel caído. Creo seguir con vida, pero seguramente una nueva alma me habita, y la sangre se agita tumultuosa por mis venas. Estoy ardiendo de fiebre. ¡Pero estas son horas preciosas! Aunque yo sea un demonio, mi Mathilda está todavía delante de mí. La amo como ninguna mujer fue amada, y ahora lo sabe, y escucha estas palabras que, loco como estaba, creía que la llevarían a la muerte.

»Ven, ven, lo más terrible ya ha pasado. Han acabado los dolores, las lágrimas y la desesperación: ¿no eran esas las palabras que tú decías? Hemos franqueado el abismo del que te hablaba y ahora, escúchame Mathilda, vamos a encontrar flores, hojas y delicias… ¿o es el infierno, el fuego y las torturas?

»¡Oh! ¡Querida mía! ¡Me siento arrastrado y no puedo sostenerme más! Sí, seguro, ¡es la muerte que llega! Deja que ponga la cabeza junto a tu corazón, y que muera en tus brazos».

Cayó desvanecido en el suelo mientras que, casi sin vida como él, yo le miraba fijamente, llena de desesperación. Sí, era la desesperación lo que hizo presa en mí. Por primera vez ese espectro se apoderó de mí, por primera y única, pues luego no me ha abandonado jamás; después de algunos instantes de muda agonía, noté sus garfios clavados en mi corazón; me arrancaba los cabellos, lanzaba gritos incoherentes... Por un instante, inundada de piedad por su sufrimiento, estuve a punto de abrazar a mi padre, pero luego, retrocediendo con horror, lo rechacé con el pie como si me hubiera mordido una serpiente, golpeada por el látigo de un escorpión que me conducía, pero ¿a dónde? No, eso no podía durar.

Una idea atravesó mi espíritu: no debía volver a hablar con él nunca más. Y, al invadirme, esa terrible convicción ablandó mi corazón con amor y ternura y posé mis ojos en él como en un último adiós. Pero él yacía sin conocimiento, con los ojos cerrados y una palidez mortal en las mejillas... Allá arriba las hojas del bosque de hayas destilaban una luz vacilante sobre su rostro, y dejaban oír por encima de él una melodía fúnebre. Al ver aquello exclamé: «¡He aquí su tumba!».

Después lloré sin contenerme, elevé los ojos al cielo pidiendo de rodillas tregua para su desesperación y alivio para sus monstruosos sufrimientos. Las lágrimas que brotaban de mis ojos en un flujo tibio y suave aligeraban mi corazón de la opresión que lo atenazaba hasta la locura. Lloré largamente hasta que empezó a recobrar el conocimiento: entonces reaparecieron el horror y la desesperación, y el flujo de mis sensaciones retornó a su curso inicial. Presa de un terror incontenible, me puse en pie de un salto para huir en loca carrera por los senderos del bosque, por los campos, hasta que, casi muerta, conseguí alcanzar la casa en la que, después de ordenar a los sirvientes ir a buscar a mi padre al lugar que les indiqué, me encerré en mi aposento.

VI

Mi habitación estaba en una zona apartada de la casa, dominando el jardín, de forma que no le llegaba ningún ruido de los otros ocupantes: fue allí, en una soledad absoluta, donde lloré durante varias horas. Cuando un criado vino a preguntarme si quería tomar algún alimento, supe que mi padre había vuelto y que se encontraba aparentemente bien, cosa que aligeró el peso de mi angustia pero no consiguió frenar mis amargas lágrimas.

Al principio venían a mi espíritu recuerdos de los meses de felicidad, tan distintos de mi actual desesperación, que calmaban la opresión de mi corazón con palabras, gemidos y suspiros surgidos del alma. Pero mi naturaleza se fatigó, y este violento dolor dio lugar a un río de lágrimas ardientes pero mudas: parecía como si mi corazón se estuviera disolviendo. No me retorcí las manos ni me arranqué los cabellos, no lancé gritos insensatos, pero al igual que Boccaccio describe el intenso y apacible dolor de Sigismunda sobre el corazón de Guiscardo, me senté con las manos entrelazadas y, en silencio, dejé que de mis ojos fluyeran lágrimas sin freno alguno. La profundidad de mi emoción era tal que no tenía idea de lo que causaba mi angustia y dejé que mis pensamientos vagaran, acá y allá, sobre multitud de objetos indiferentes. Y, sin moverme ni mudar mi rostro, dejé que manaran lágrimas hasta que, poco a poco, se fueron secando como las fuentes que se agotan, y salí del ensueño para volver a la vida.

Cuando acabé de llorar, conseguí recobrar la razón y el ánimo y comencé a reflexionar con algo más de calma sobre lo que había ocurrido y sobre la manera en que debía actuar. Solo habían transcurrido algunas horas, pero, en lo que a mí concernía, había tenido lugar un gran cambio, la obra de varios años se había concentrado en un día: para mí, mi padre había muerto, y durante un momento tuve la impresión de que, con los cabellos blancos, estaba tendido en su ataúd, mientras yo, de edad madura, con la juventud perdida, lloraba la obra del tiempo. Pero no, eso no era cierto y yo era joven, demasiado joven. Él no estaba muerto para el resto del mundo. Pero yo, pobre de mí, no debía volver a verle ni a hablarle nunca más; bien al contrario, debía huir lejos con decisión, como si fuera el peor de mis enemigos. No debía volver a verle nunca ni en la ciudad ni en el desierto.

Estas reflexiones suscitaron en mí una angustia que se apoderó de mi imaginación y me cortó el aliento dejándome, durante un tiempo, incapaz de seguir pensando coherentemente. Y después de lo que me ha pasado, pensaba, viviré en la más severa de las reclusiones. Me retiraré al continente para hacerme monja: en absoluto por amor a la religión, ya que no era católica, sino para apartarme del mundo para siempre. Allí sabría encontrar una soledad en la que llorar; allí, las voces del mundo no me alcanzarían.

Y mi padre, mi querido y desgraciado padre, ¿iba acaso a morir? ¿Podría superar algún día la feroz pasión que hoy le dominaba sin piedad? Al cabo de mucho, mucho tiempo, cuando la edad hubiera apagado la llama que le estaba consumiendo, ¿podría entonces volver a ser un padre para mí? Estos pensamientos relajaron mi rostro y sentí —cosa que me hizo llorar— que una sonrisa algo melancólica apartaba de mis labios la expresión del sufrimiento. Me atrevía a abandonarme a la esperanza de un futuro mejor.

Debían pasar los años, pero desfilarían ligeros sobre las alas de la esperanza y, aunque fueran pesados, al menos pasarían y no habría perdido a mi padre para siempre. ¡Que en dieciséis nuevos años de andar en solitario, él deje que los inmensos bosques y las grandes cascadas abrigadas por otros cielos escuchen sus gemidos! ¡Que vuelva a atravesar horribles peligros y pruebas que apacigüen su corazón! ¡Que los calores del Sur vuelvan a quemar su rostro consumido por la pasión y que reciba, por fin, las frías lluvias de la noche capaces de helar su sangre!

A esa vida os envío, pobre padre. ¡Id! Haced vuestros los días pasados con los salvajes y las noches bajo la bóveda estrellada. ¡Que se agoten vuestros miembros, que vuestro corazón se hiele y que vuestra juventud muera en vos! ¡Que vuestros cabellos se vuelvan como la nieve, que vuestro paso flaquee y que vuestra voz pierda sus cálidos acentos! ¡Que se agote el esplendor límpido de vuestros ojos, y entonces, volved a mí, volved a vuestra Mathilda, vuestra niña, y podréis estrecharla en vuestros brazos sin que vuestro corazón palpite con una emoción culpable! ¡Marchad, vos a quien siempre querré, y volved a mí! Esta es mi maldición, esta es la maldición de una hija: id y volved purificado hacia vuestra hija que jamás amará a otro que a vos.

Esos eran mis pensamientos cuando, con mano temblorosa, me disponía a escribir una carta a mi pobre padre. Hacía bastantes horas que estaba ocupada con mis lúgubres meditaciones y con mis lágrimas: era más de medianoche. La casa estaba en calma, y el aire suave que entraba a través de la ventana no agitaba siquiera las plantas, que permanecían en la sombra. Percibía la paz de aquella hora, mi propio aliento y mis involuntarios sollozos eran los únicos ruidos que perturbaban el aire. De repente, oí unos pasos ligeros que subían la escalera. Hice una pausa y, pensando que se acercaba, sin respirar me escondí en un rincón oscuro de la habitación. Los pasos se detuvieron en mi puerta; después, pasados unos instantes, retrocedieron de nuevo, descendieron la escalera y no volví a oír nada más.

Este incidente suscitó en mí las más penosas reflexiones y solo apenas me atrevo a expresar las emociones que provocó. Que no permaneciese en ningún sitio, que anduviese errante sin reposo, como un fantasma sin liberación, y que el fuego del infierno que consumía su corazón no le diese descanso, eso lo comprendía. Pero ¿por qué se acercaba a mi habitación? ¿Acaso no era sagrada? Había estado a punto de desmayarme cuando se aproximó, pero no había dejado que el menor movimiento traicionara mi debilidad, aunque pude oír como mi corazón latía de miedo hasta romperse. Se había marchado. No, ¡no debía volver a verle nunca más! ¡No podíamos pasar una noche más bajo el mismo techo! Uno de los dos debía partir. El mutuo lazo de nuestros destinos se había roto, era necesario poner entre ambos tierras y mares.

No debíamos volver a ver juntos la salida del sol ni de las estrellas, él no debía volver a decir contemplando la luna: «Ahora, Mathilda, ¡mirad su declinar!». ¡No! ¡Todo debía cambiar! ¡Que sea día para él cuando sea noche para mí! ¡Que sufra el sol del verano cuando a mí me hielen las nieves del invierno! ¡Que las antípodas nos separen!

Por fin el sol comenzó a apuntar por Oriente y la suave luz de la mañana entró a torrentes en mi habitación. Estaba cansada de mi vigilia, durante un rato había combatido el plomizo sueño que pesaba sobre mis párpados, pero entonces me tiré sobre la cama sin temor. Buscaba el reposo aunque no confiaba en encontrar el olvido. Sabía que me perseguirían los sueños pero no imaginé que tendría uno tan horrible.

Soñé que, después de levantarme, iba a buscar a mi padre para informarle de mi decisión de separarme de él. Le buscaba por la casa, en el parque, luego por los bosques y campos sin conseguir encontrarle. Finalmente le vi a lo lejos, sentado bajo un árbol. Al verme, hizo gestos insistentes con la mano para que me acercara. Algo sobrenatural en su rostro me dejó helada y llena de terror, pero continué avanzando hacia él: cuando estuve lo bastante cerca, vi que estaba mortalmente pálido, vestido con unas ropas blancas que ondeaban al viento. De repente se levantó y huyó. Yo le seguí. Nos pusimos a correr a gran velocidad por los campos, los lindes de los bosques y las riberas de los ríos; iba rápido y yo le seguía. Creo que llegamos al borde de un inmenso acantilado que se erigía sobre el mar agitado por los vientos. Podía oír el estruendo de las olas que se precipitaban abajo, a sus pies. Él continuó su carrera hasta el mismo borde del precipicio y yo me quedé sin respiración temiendo que se lanzara al terrible abismo. Intenté ir más deprisa pero mis piernas flaqueaban. De todos modos, llegué hasta él y me agarré a sus ropas flotantes en el momento en que caía al vacío. Mi grito de horror me despertó, temblorosa, sobre la almohada empapada en lágrimas.

Mi corazón palpitó con fuerza durante un momento, pero los brillantes rayos de sol y el trinar de los pájaros me hicieron volver en mí con rapidez. Me levanté, languideciendo, preguntándome sin embargo lo que el día me traería de nuevo. Pasó largo rato hasta que encontré el valor de llamar a la doncella, sin atreverme, cuando vino, a pronunciar el nombre de mi padre. Le rogué que me trajera el desayuno a mi habitación y volví a quedarme sola. Continuaba incapaz de tomar la menor decisión. Simplemente pensé en escribir una nota a mi padre pidiéndole permiso para ir a visitar a una pariente que vivía a doce leguas de allí, y que me había enviado una invitación que yo, por no dejar a mi padre solo con su dolor, no había contestado todavía. Al volver, la doncella me entregó una carta.

—¿De quién es esta carta? —pregunté temblorosa.

—Vuestro padre la dejó a su criado para que os fuera entregada al levantaros.

—¿Mi padre la ha dejado? ¿Dónde está? ¿Se ha marchado?

—Sí, ha dejado la casa esta madrugada, antes de las cuatro.

—¡Dulce Jesús! ¡Se ha ido! ¿Pero cómo? ¡Rápido, explicádmelo!

Su relato fue breve: se había ido en su carruaje al pueblo vecino para tomar un coche de caballos en dirección a Londres. Allí se había despedido de sus servidores diciéndoles simplemente que unos asuntos le requerían con urgencia, y que me consideraran su nueva señora hasta su regreso.

VII

Con el corazón palpitante, asustada sin saber el motivo, dejé salir a la camarera y cerré la puerta. Me senté a leer la carta de mi padre. Estas eran sus palabras:

Mi querida niña,

He traicionado vuestra confianza. He intentado ensuciar vuestro espíritu y he dejado que vuestro corazón inocente conociera el aspecto y el lenguaje de una pasión ilícita y monstruosa. He de expiar estos crímenes y procurar como sea que el castigo esté a la altura de la falta. Quizá no estéis preparada para oír lo que os voy a decir: hemos de separarnos y vivir lejos el uno del otro para siempre.

Os privo, así, de vuestro único amigo y pariente. Os quedáis sola en el mundo, sin protección. He deshonrado vuestras esperanzas, destruido la paz y la seguridad de vuestro espíritu sin mácula. Vuestra memoria hará resurgir el horror de las imágenes del pecado y del dolor de un amor inocente traicionado. Y, aun así, yo, que he abatido esta desgracia sobre vos, yo, que os he convertido en un ser proscrito, yo, que sin remordimientos he marcado el corazón y la frente de mi propia hija con el sello de la desconfianza y de la muerte, yo, que con una ligereza satánica he colocado sobre vuestra belleza la inmunda deformidad del pecado, soy yo el que, con un dolor desbordante en el corazón, os suplico que me concedáis vuestro perdón.

No os pido piedad: debéis tener horror de mí. Pero perdonadme, Mathilda, y no permitáis que vuestro odio implacable.

No debo volver a veros nunca más, nunca más he de oír vuestra voz, pero dejad que el dulce murmullo de vuestro perdón venga hasta mí y apacigüe el ardor de mi espíritu y de mi corazón enfermos: sabrá alcanzarme hasta el interior de mi tumba. Me permito apoyar este ruego relatándoos hasta qué punto me vi miserablemente envuelto en este intrincado y furioso suplicio, y cómo todos mis esfuerzos para liberarme fueron inútiles.

Es cierto que si vuestro corazón no fuera tan puro y luminoso, no intentaría siquiera disculparme ante vuestros ojos, temiendo que al procurar que me vierais con algo menos de horror aborrecierais menos el vicio. Pero al mirar hacia vos creo dirigirme a un juez angelical.

No puedo ponerme en camino sin vuestro perdón, debo conseguirlo o desesperar. Así pues os suplico que me escuchéis: quizá, si Dios me ayuda, el pecado se podría reducir a una angustia punzante y a un remordimiento desgarrador hasta la locura; aunque no me atrevo a esperarlo, quizá podríais estimar que yo pueda pretender vuestra compasión.

Os suplico que evoquéis las épocas de felicidad en las riberas del Lago Lomond: llegué cansado tras dieciséis años de vida errante, en el curso de los cuales, a pesar de innumerables peligros y desgracias, mis afectos no fueron más que una larga página en blanco.

Si lloraba era recordando a vuestra madre, y si amaba, amaba únicamente vuestra imagen. Estas únicas emociones me llenaban de paz el corazón. Los seres humanos que tenía a mi alrededor no suscitaban en mí simpatía alguna, y yo creía que el terrible trastorno que supuso para mí la muerte de vuestra madre me había vuelto insensible a cualquier emoción futura. Veía seres dignos de amor y no los amaba: así pues pensaba que la ternura y el calor se habían extinguido en mi corazón, salvo las que me remitían a vuestra imagen de niña.

Extraño destino el de haberos amado apasionadamente sin haberos visto jamás. A lo largo de mis viajes, no me dormí ni una vez sin desearos antes dulces sueños. Cuando veía a una mujer hermosa pensaba: «¿Se le parecerá Mathilda?». Todas las cosas exquisitas, los paisajes sublimes, las brisas acariciadoras y las músicas divinas me hablaban de vos, y solo me causaban placer a través de vuestro recuerdo. Por fin, os vi.

Aparecisteis ante mí como la diosa de un país hermosísimo, el ángel de misericordia de un paraíso en él que, entre todos los humanos, solo me admitíais a mí. Apenas me atrevía a llamaros mi hija. Vuestra belleza, vuestro candor, vuestra sabiduría sin artificios parecían pertenecer a un orden sobrenatural. Vuestra voz evocaba únicamente palabras de amor, y si algo terrestre teníais era lo que reflejaba la belleza del mundo. Vuestra gracia emanaba de la brisa de las cimas, de las cascadas, y de los lagos: sí, solo ella era de la tierra, igual que vuestros afectos. Ninguna escoria, ningún sentimiento desagradable formaban parte de ella. Además, no habéis visto lo suficiente de nuestro mundo para conocer el abismo que separa a la mujer vulgar de la ninfa de los bosques que erais vos entonces; vuestra sola mirada tenía el poder de instruir a la humanidad y hacerla crecer en sabiduría y pureza. Esta luz divina me envolvía con su fuego como la luz de Beatriz brillando sobre Dante, y aunque con otro sentido, podría decir con él:

«E quasi mi perdei con li occhi chini[4]».

¿Os extrañaréis, Mathilda, de que me haya prendado de vuestros ojos, de vuestras palabras y de vuestros movimientos, y que estos me hayan proporcionado una enorme felicidad?

Pero temo que estoy alejándome de mi propósito, es necesario que abrevie. La noche se acerca a grandes pasos y mis horas en esta casa están contadas. Bien, partimos hacia

4 Y casi me perdí con los ojos cerrados. Alighieri, D. *"Paradiso"* C. IV, v. 142

Londres y yo solo experimentaba la paz de un amor inocente. Estabais continuamente a mi lado, y no deseaba otra cosa que admirar vuestros rasgos y saber que, para vos, yo era el mundo entero. Era prisionero de un paraíso ingenuo, hecho de alegría y tranquilidad. ¿Era acaso censurable mi amor? Si lo era, yo no lo sabía. No deseaba nada que no poseyera, y si la alegría que me producían vuestras miradas, vuestras palabras, vuestras caricias inocentes sobrepasaba los sentimientos habituales de un padre hacia su hija, no tuve la menor inquietud, ningún deseo ni capricho despertaron en mí la noción del pecado. Os amaba como puede imaginarse que un padre terrenal ama a la hija que le ha dado una madre divina, como Anquises hubiera podido contemplar al hijo de Venus si hubiera sido niña, con un amor mezcla de respeto y adoración. Sin duda mi pasión también se hallaba mecida por el cariño profundo y exclusivo que vos me profesabais.

Pero en el momento en que os vi convertida en el objeto de amor de otro hombre, cuando me di cuenta de que se os podía amar de otra forma que como objeto sagrado y modelo de belleza y de excelencia, o incluso que vos podríais amar a alguien con un sentimiento más ardiente que el que me manifestabais, entonces se despertó en mí el diablo. Despedí a vuestro pretendiente y, a partir de ese momento, no he vuelto a encontrar la paz. Busqué en vano el sueño y el reposo: mis ojos se negaban a cerrarse y mi sangre se agitaba tumultuosa sin descanso. Desperté a una vida nueva, como el que muere en la esperanza y se despierta en el infierno. No quiero que el relato de mis luchas, de mi odio hacia mí mismo y de mi desesperación turbe vuestra imaginación, es mejor poner un velo sobre las sensaciones inconcebibles de un padre en pecado. Es mejor no desvelar los secretos del corazón que sufre semejante martirio. A pesar del dolor, del crimen, de los remordimientos y del odio, continuaba subsistiendo el más tierno amor.

Lo que primero me empujó a la firme resolución de dominar esta pasión y de devolverle el padre a su hija fue ver vuestra profunda tristeza y vuestra compasión. Sí, eso fue lo que me condujo aquí: pensé que al revivir el dolor causado por la pérdida de vuestra madre, y al despertar todo lo que permanecía ligado a su recuerdo, dormido desde hacía diecisiete años, apagaría el amor que sentía hacia mi hija. En un arranque de heroísmo, me determiné a partir solo y dejaros a vos, vida de mi vida, y a no volver a veros hasta que pudiera hacerlo sin vergüenza. Pero no lo conseguí: había sobrestimado mi valor y subestimado mi amor, y creed que hubiera podido morir si vos no hubierais venido hacia mí con prontitud. ¡Por qué no fallecí en aquel momento!

Pero ahora, Mathilda, es preciso que os haga mi última confesión. Me equivoqué miserablemente al imaginar que era capaz de dejar de amaros: me es imposible. Es como si la vista de esta casa, de estos campos y de estos bosques que enmarcaron mi primer amor no hubieran hecho más que amplificarlo. Fijaos lo que, en mi locura, me atrevía a decir: «Diana murió para darle la vida, el espíritu de su madre ha pasado a su cuerpo, ella debe ser lo mismo que Diana fue para mí». Cada esfuerzo que hago para apartar este amor me ata a él todavía más, ese amor culpable, más espantoso que el odio, que deshonra vuestras esperanzas y me destruye para siempre.

Hubiera sido mejor amar el desespero...

Y haberla, a ella, besado impunemente.

Ni el tiempo ni la distancia pueden arrancar de mi alma lo que forma parte de ella. Desde que llegué aquí, no he dejado, ni un momento, de sentir el infierno de esta pasión clavada en mi corazón para devorarlo hasta que todo acabe frío, inmóvil y sin vida. Pero, triste de mí, continúo viviendo. ¿Cómo he podido volver al lugar en el que me ha sido imposible reencontrar a Diana sin haber obedecido su postrer deseo? Sus últimas palabras, pronunciadas con voz muy débil en esa hora en que solo subsiste el amor, cuando fuera todo ha muerto, sus últimas palabras fueron para pedirme que hiciera feliz a su hijita. Solo este pensamiento refuerza el aguijón que me empuja a la muerte. Marcharé errante lejos de vos, lejos de la vida, iré en busca de una soledad en la que, solo, apartado de la humanidad, encuentre el hálito de vida. Debo seguir viviendo y ya que ese es mi deber, lo haré hasta que la tumba, que deseo y temo a la vez, pueda recibirme liberado de mis penas; pues estoy seguro de que de un lugar a otro solo conoceré dolores. ¿No es bien temible el sino que me tiene bajo su yugo? ¿No es lamentable el futuro que me aguarda? Si después de esta vida tengo la posibilidad de veros, niña mía, si el dolor puede purificar un corazón, el mío estará limpio, y si el remordimiento puede expiar los pecados, estaré entonces libre de culpa.

He ido a la puerta de vuestra habitación, está en silencio, estáis durmiendo. ¿Dormís realmente, Mathilda? Espíritus del bien, ved mis lágrimas y mis fervientes plegarias. ¡Bendecid a mi hija! ¡Protegedla del egoísmo de sus semejantes! Protegedla de los tormentos de la pasión, y de la desesperación y de la decepción. Que la paz, la esperanza y el amor Te guarden, Tú, alma de mi alma, Tú, por quien respiro.

No me atrevo a releer mi carta pues no tengo tiempo de escribir otra, pero me temo que no me gustarían los ecos que despierta. Desde la última vez que os vi, he pasado todo el tiempo escribiendo cartas y aún tengo que escribir alguna más: no quiero que cualquiera pueda hablar de mí cuando me haya ido.

Es inútil que os conjure a pensar en mí como si fuera alguien a quien ya no os une ningún lazo. Estoy convencido de que vuestra discreción no os permitirá tratar de encontrarme. Es preferible, para la paz de vuestra alma, que ignoréis mi destino. No intentéis seguirme en el momento en que me destierro, no conseguiríais más que aumentar mi culpabilidad imponiéndoos a mí. No, no me seguiréis, sé que no lo haréis. Debéis olvidarme a mí y olvidar todo el mal que os he causado. Apartad este don funesto, apartad vuestro dolor, escapad de mi nefasta influencia igual que una flor delicada aparta el fango para salir a la luz.

No volveréis a oír hablar de mí: recibid estas palabras como las últimas que os hago llegar y, aunque haya perdido vuestro amor filial, aceptadlas como las recomendaciones de un padre. Rechazad con firmeza la desgracia que os ha causado este primer infortunio en vuestra tierna edad. Manteneos valerosa en la tempestad, continuad siendo buena y dulce y creed firmemente que vuestro deber es ser feliz. Sois joven, no dejéis que este fracaso retarde más de lo imprescindible vuestra gloriosa carrera. Resistid, querida mía; el astro de vuestra juventud no ha declinado y sabrá devolveros el vigor de la vida. Que una tristeza obstinada no vaya a contrarrestar su benéfica influencia. Hija mía, concededme la esperanza de no haberos destruido completamente.

Adiós, Mathilda. Me voy convencido de que me habéis perdonado. Vuestra cariñosa naturaleza no dejará que odiéis a vuestro peor enemigo, aunque se trate de mí, aunque haya apartado la felicidad de vuestro camino. Si bien he pasado como un ángel de maldad sobre vuestro tierno amor y sobre vuestra esperanza llena de alegría y belleza, para no dejar más que deshonra y desesperanza, vos me perdonáis y yo os lo agradezco con los ojos inundados en lágrimas. Acepto vuestro perdón, querida mía, con una gratitud eterna y que, estoy seguro, podrá sobrevivir a todos los remordimientos. ¡Adiós para siempre!

En el preciso instante en que acabé la carta, mandé atalajar los caballos y me preparé para seguir a mi padre. Las palabras con las que intentaba disuadirme fueron precisamente las que me determinaron a ello. ¿Por qué las había escrito? Él sabía perfectamente que de creer yo que su intención era solo alejarse de mí, en vez de oponerme a ello, yo misma se lo hubiera pedido. O bien, si él suponía que no sé qué oscuro sentimiento —cosa que no podía pensar— me hubiera podido conducir hacia él, ¿se hubiera decidido a destruir la única esperanza que tenía de volver a verme? Un amante —qué idea demente, y sin embargo él era mi amante— no se comportaría así. No, había decidido morir y deseaba ahorrarme el dolor de saberlo. Las pocas palabras que había escrito sobre su deber eran una prueba más para mí. Cuanto más estudiaba la carta, más descubría pequeños giros y detalles que me indicaban que sabía que la vida se había acabado para él.

Estaba a punto de morir: al pensar esto se me heló la sangre. Me embargó una loca impresión de horror, más allá de las lágrimas. Estuve caminando arriba y abajo a toda velocidad esperando el coche; luego, arrodillándome con las manos juntas, intenté rezar. Pero mi voz se ahogó entre sollozos convulsivos. ¡No!, Salía el sol, el aire era fragante, aún debía de estar vivo, pues si hubiera muerto, todo hubiera sido oscuro como la noche para mí.

Sabiendo que me llevaba hacia él y me daba una posibilidad de volver a verle todavía vivo, el viaje en coche reavivó un poco mi ánimo, pero a pesar de ello el trayecto fue terrible. Solo me sostenía la esperanza de que no fuera demasiado tarde. No derramaba lágrimas pero enjugaba el sudor de mi frente, y procuraba calmar mi cerebro y mi corazón que palpitaba casi hasta enloquecer. ¡No!, ¡no debía alterarme al verle! O sí, quizá era mejor que me viese alterada, mi extravío le devolvería la calma y le obligaría a permanecer así; sin embargo, antes de encontrarlo, debía forzar a mi razón a mantener la firmeza, y la invocaba presionando mi frente con las manos. ¡Oh! ¡No me abandones, de lo contrario olvidaré mi propósito y en vez de ir, como conviene, a la velocidad del rayo, nos entretendremos pensando en mí y llegaremos demasiado tarde! ¡Dios mío, ayudadme! ¡Haced que esté vivo! ¡Todo se ha vuelto negro y en mi abyecta miseria, no pido ni el bien ni la esperanza, no, solo la pasión, la culpabilidad, el horror, solo eso con tal de que esté vivo! ¡Vivo! Ahogada por la emoción, sollozaba sin lágrimas y mi respiración era corta y seca. Solo tenía una idea en la cabeza y solo podía articular una palabra, que repetía sin parar en una especie de aullido: ¡vivo!, ¡vivo!

Había pedido al administrador que me acompañara, pues él, mejor que yo, podía pedir las informaciones que hicieran falta. El pobre hombre no podía evitar llorar a la vista de mi profunda angustia cuya causa él conocía. De vez en cuando emitía algunas palabras inconexas para consolarme. En tales circunstancias, señora y servidor son iguales en un sentido: veía sus viejos y bondadosos ojos oscurecerse y llenarse de lágrimas de compasión, sus cabellos grises finamente esparcidos sobre una frente completamente arrugada, y pensaba: «¡Oh! ¡Si mi padre fuera como él, decrépito y canoso, entonces me sería evitado este sufrimiento!».

Al llegar a la ciudad más cercana tomé un coche de postas y seguí la ruta que había seguido mi padre. En cada posada en la que cambiábamos de caballos, oíamos hablar de él, lo cual me producía miedo y esperanza alternativamente. Finalmente me di cuenta de que él había modificado su itinerario: en un principio tomó el camino de Londres, luego lo había cambiado, y descubrí preguntando a unos y a otros que el que escogió conducía hacia el mar.

El sueño de la noche pasada volvió a mi memoria: habitualmente no era supersticiosa, pero en el tormento todos creemos en ello. El mar estaba a veinte leguas y él huía hacia allí. Esta idea, terrorífica para un espíritu al borde de la locura, casi había hecho zozobrar el poco dominio que me quedaba. Estuvimos en ruta todo el día: a cada instante crecía mi dolor. El sol de verano brillaba en un cielo sin nubes, el aire sofocante era frío para mí y sin embargo la piel me ardía. A la caída de la tarde se levantaron por el horizonte nubes oscuras de tormenta; oí a lo lejos el rugido del trueno, y cuando el sol se puso, el cielo se volvió negro, empezó a llover, los relámpagos iluminaron los campos y los truenos ocultaron el ruido del carruaje.

En la siguiente parada mi padre no había tomado caballos, en cambio había dejado un baúl diciendo que volvería: después, se había ido a través de los campos hacia un pueblo costero que distaba tres leguas de allí. Durante un instante el terror me paralizó, pero recobré la energía y solicité que un guía me acompañara tras sus pasos. Era una noche de tempestad, pero ofrecí una suma considerable y encontré fácilmente un campesino que se prestó a ayudarme. Atravesamos innumerables caminos, campos y tierras vírgenes: la lluvia caía a torrentes y los truenos violentos se sucedían haciendo un ruido infernal… ¡Oh! ¡Qué noche!

Continuaba caminando a grandes pasos a través de las altas hierbas empapadas bajo la lluvia y la tempestad. Mi sueño me obsesionaba y en ese estado semidemente que provoca a veces la desesperación grité con fuerza: «¡Valor! ¡No estamos cerca del mar! Todavía estamos a varias leguas del océano». Sin embargo, nuestros pasos nos llevaban hacia el mar, cosa que aumentaba la confusión de mi espíritu.

Una vez, agotada por el cansancio, me derrumbé sobre el suelo empapado; casi a doscientos pasos de allí, sola en un gran claro, había una magnífica encina: los relámpagos revelaban la cantidad de ramitas arrancadas por la tempestad. Una extraña idea hizo presa en mí. Es necesario haber conocido todas las torturas de la duda sobre la vida o la muerte de una persona tan querida como la propia existencia para imaginar los sentimientos que me asaltaron. En un estado similar, el espíritu, liberado del control de la voluntad, se abandona a extrañas y quiméricas apuestas con las circunstancias exteriores, y sitúa los acontecimientos fortuitos y los cambios de la Naturaleza en relación directa con sus temores. Estaba en este estado mental cuando me dirigí hacia el anciano administrador que seguía a mi lado, pálido y temeroso: «Mirad bien, Gaspar, si el próximo rayo no cae sobre esa encina, mi padre estará vivo».

Apenas había pronunciado estas terribles palabras cuando una luz violenta seguida inmediatamente por un terrible estruendo cayó sobre ella, y cuando mis ojos recobraron la vista después de la ceguera pasajera, la encina ya no estaba en medio del prado. El anciano lanzó un grito de terror ante la rapidez con que mi profecía era interpretada. Yo, con algo más de fuerza, me levanté y grité con temor: «Oh, Dios, ¿esa es tu sentencia? ¡Pero no, quizá sea demasiado tarde!».

Aunque el mar distaba todavía más de una legua, continuamos acercándonos a él. Finalmente llegamos a la carretera que conducía al pueblo, luego a una posada donde nos dijeron que mi padre había pasado por allí poco antes de la puesta del sol. Se había dado cuenta de la llegada de la tempestad y había alquilado un caballo para llegar al pueblo vecino, situado a media legua del mar, antes de que estallara la tormenta. El pueblo estaba a una legua de aquel lugar.

Alquilamos una silla de postas y, tirados por cuatro caballos, nos adentramos en la tormenta. Mis ropas estaban empapadas y pegadas a mí, mis cabellos caían en lacios mechones sobre mi cuello cuando el viento no los empujaba hacia uno y otro lado. Tiritaba y sin embargo mi pulso palpitaba de fiebre. No derramaba lágrimas pero los ojos enloquecidos e inflamados se me salían de las órbitas. Me costaba soportar el peso que me oprimía el pecho. Llegamos al pueblo en algo más de media hora. Cuando mi padre llegó, la tormenta ya había empezado: había decidido seguir, dejar el caballo y continuar a pie hacia el mar. Dios mío, había sido cruel por dos veces al haber escogido el mar para consumar su funesta resolución. Ello no hacía más que añadir locura a mi desesperación.

El pobre anciano que me acompañaba intentó convencerme de que me quedara allí y le dejara partir solo, pero yo sacudí tristemente la cabeza sin decir nada. Me sentía enferma de muerte y me apoyaba en su brazo. Como no había camino adecuado para un carruaje, arrastraba mis pasos fatigados a través de dunas desoladas al encuentro de mi destino, ya demasiado evidente para dejar lugar a las angustias de la duda. A punto de desfallecer, me acerqué lentamente a las aguas fatales cuyo fragor habíamos oído a la salida del pueblo, murmurando para mis adentros con voz sorda: «Es el mismo ruido que el de mi sueño, sí, son las campanas que doblan por mi padre lo que oigo».

Ya no llovía ni había más truenos ni relámpagos. El viento se había calmado. Mi corazón ya no latía hasta romperse. No notaba la fiebre, al contrario, estaba helada.

Mis piernas flaqueaban. Caminaba medio dormida, tan grande era mi agotamiento. Todos mis miembros temblaban, iba callada. Todo estaba en silencio, solo se oía el ruido del mar que iba aumentando poco a poco y haciéndose más terrorífico. Y sin embargo avanzábamos lentamente.

A veces me parecía que no íbamos a llegar nunca, que, atraídos por el ruido de las olas, podríamos caminar y caminar, campo tras campo, sin que nuestro agotador viaje acabara nunca, ni de noche ni de día, y siempre llegaría a nuestros oídos el estruendo del mar y todo esto no acabaría jamás. Los pensamientos engendrados por la desgracia y la desesperación están lejos de la comprensión de las personas felices.

Conseguimos llegar a la playa que dominaba el mar. Había una casita al lado del camino. Llamamos a la puerta que estaba abierta. El lecho del interior atrajo enseguida mi atención: algo rígido y recto yacía recubierto con una tela. Los habitantes de la casa parecían consternados. Las primeras palabras que dijeron confirmaron lo que yo ya sabía. No sufrí ni choque ni abatimiento.

Creo que pregunté algo y escuché la respuesta. Y casi enseguida caí desmayada al suelo.

Así acabó todo.

VIII

Me llevaron a la ciudad vecina. La fiebre sucedió a las convulsiones y los desmayos. Durante algunas semanas, mi alma desquiciada se debatió en el umbral de la muerte. Pero la vida estaba arraigada en mí y me repuse.

El hecho de que mis recuerdos fueran confusos al principio, y de que me sintiera demasiado débil para experimentar emociones violentas, hizo mucho por mi mejoría. A menudo pensaba: «Mi padre ha muerto. Su amor por mí era una pasión culpable y, atormentado por el remordimiento y la desesperanza, se dio muerte. ¿Cómo es que no encuentro eso horrible? ¿No es espantoso?».

¿No es pues suficiente no volver a ver nunca más los ojos de mi amado padre? ¿No oír más su voz? ¡No más caricias, no más miradas! ¡Está frío, yerto, muerto! ¡Dios mío! ¡Qué endurecida estoy! Durante aquella noche que pasé a la intemperie, la lluvia fría que caía había hecho con mi corazón lo mismo que las aguas de la cueva de Antíparos, lo había convertido en piedra. Ni una lágrima, ni un suspiro. He de razonar, esforzarme por sentir pena, desesperanza. No es resignación lo que siento, no, estoy muerta para todo tipo de pesadumbre.

Así es como me hablaba a mí misma. Pero guardaba silencio frente a todo lo que me rodeaba, apenas respondía a la más mínima pregunta, y me sentía molesta por cualquier presencia humana a mi lado. Me rodeaban unas parientes que me eran totalmente extrañas. No escuchaba sus pésames, y las pocas palabras de consuelo que intentaban prodigarme me sonaban a lengua desconocida. Sí, si la tristeza había muerto en mí, lo mismo ocurría con el amor y la necesidad de comprensión y simpatía. No obstante, si el dolor solo dormía para despertar con mayor ferocidad, no lo hizo jamás. Solo su fantasma sobrevivía, y acosaba la tumba de mi padre. Desde su muerte, el mundo entero estaba vacío para mí, salvo allí donde la desgracia había impreso aquellas palabras ardientes que me conjuraban a no sonreír nunca más. Los vivos ya no eran compañía para mí, y no cesaba de preguntarme cómo librarme de todos ellos con el fin de que nunca más se hablara de mí.

Mi recuperación evolucionaba rápidamente, y esta idea me obsesionaba; me preguntaba qué podría inventar para escapar de las torturas que me esperaban el día en que me viera en la obligación de reaparecer en sociedad, y para encontrar aquel único lugar secreto que podría convenirme, a mí a quien una pena oculta separaba del resto del mundo. ¿Quién es más solitario, aunque se encuentre entre la muchedumbre, que aquel cuya historia, cuyos persistentes sentimientos y recuerdos no son conocidos de ningún ser vivo? Mi aventura encubría un horror demasiado extremo para que pudiera hacer confidencias sobre ella. Yo era, en la Tierra, la única depositaría de mi secreto. Podía confiarlo a los vientos o a los páramos desiertos, pero jamás debía permitir, ni mediante una palabra ni por un gesto, que mis semejantes sospechasen la terrible realidad.

Debía apartarme de los ojos del mundo para que mi mirada turbia no delatara la culpa de mi padre; debía callar para que los titubeos de mi voz no traicionaran atrocidades inconcebibles. Encima de la tumba donde yacía mi secreto, debía amontonar una masa impenetrable de palabras y sonrisas falsas, engaños, artimañas y risas pérfidas, y todo un abanico de mil ardides, niebla destinada a cegar a los demás y a envenenarme igual que el simún del desierto. Yo, nacida del amor, hija de los bosques, criatura de la esplendorosa Naturaleza, ¿debía someterme a eso? No, no podía.

¿Cómo escapar a todo ello? Era rica, joven, y me habían designado un tutor. Todos los que me rodeaban me creían miembro de su amplio círculo social, y debía mantener secreto mi eterno aislamiento. Si huyera, me perseguirían. No había ninguna salida para mí en la vida. De modo que debía morir, aunque la tumba helada contuviera todo lo que amaba. Y sin embargo, hubiera podido decir, igual que Job:

Mi esperanza, ¿dónde está?, mi esperanza, ¿quién puede verla?

Descenderá hacia las puertas de la morada de los muertos cuando juntos vayamos a reposar en el polvo.

Sí, mi esperanza era polvo, podredumbre y todo lo que la muerte trae consigo… La muerte, o la vida después de la vida. ¡No! ¡No! No voy a buscar la muerte, no debo, no me atrevo. Y de nuevo me puse a llorar, sí, a verter lágrimas vivas, sosegadas pero amargas al fin y al cabo. Después de haber llorado largamente, después de haber tendido los brazos en vano para llamar a mi padre, cuando mi cuerpo ya débil quedó agotado por todos estos gemidos, me sumí de nuevo en la meditación y busqué una vez más el medio de obtener lo que más deseaba y tanto me importaba —si es que algo pudiera importarme todavía—, es decir, una soledad que se pareciera a la muerte.

Si no osaba morir, por lo menos podía fingir la muerte y de este modo escapar a mis solícitos parientes. Pensarán que me he reunido con mi padre, y será la verdad, puesto que, sola, cuando ninguna voz puede interrumpir mi meditación y ninguna mirada sorprender el hervor de mi mirada, puedo comulgar con su espíritu. Su última recomendación fue la de mandarme ser feliz.

Sin duda no hablaba de esa felicidad sombría que me prometía a mí misma, pero era la única de la que podía gozar. Él no pudo imaginar que pudiera convertirme en alguno de aquellos cazadores extáticos que persiguen burbujas de jabón que se desvanecen en cuanto creen haberlas alcanzado, y luego persiguen otra de colores más vivos. Mi esperanza había resultado ser también una burbuja de jabón, pero había sido tan bella, tan suntuosa, que ninguna otra podía cautivarme, tanto más cuanto que esa persecución me había dejado extenuada y estaba casi muerta de cansancio.

Iba a simular la muerte. Mis herederos, complacidos, podrían apoderarse de mis bienes y yo conseguir mi libertad: pero… tenía que preparar este plan con cuidado. No quería encontrarme sin un céntimo, y debía pues conservar algo de dinero en sitio seguro. ¡Ay de mí! ¡A qué odiosos extremos me veía reducida! Pero de otro modo, toda una vida de falsedad hubiese sido mi sino. Y cuando me asaltaba el remordimiento por urdir esas estratagemas, incitándome a renunciar a mi propósito, las palabras de una tía o de una prima, diciendo que la muerte era el final de todos los seres, me hacían volver a él de forma irresistible y me convencían de nuevo. Además añadían que con toda seguridad mi padre había perdido la razón desde la muerte de mi madre, que tenía el cerebro trastornado, y que mucha suerte había tenido yo de que en uno de sus ataques de locura no me hubiese matado a mí en su lugar, ya que era un pobre loco. Y por supuesto, decían todo esto de una forma delicada, no con términos claros que me hubiesen herido, sino:

> … susurrados aquí y allá,
> insinuados y velados,
> suavemente, en voz baja[5]…

---

5 Coleridge, S. T. "Fire, Famine & Slaughter", *Sibylline Leaves*, 1817

con los ojos bajos, con sonrisas de compasión o bien lágrimas de condolencia. Yo escuchaba sin perder la calma, pero temblaban todos mis nervios y no osaba replicar a esas blasfemias. ¡Ah! ¡Qué dulce resultaría una vida sin artificio! ¡Y yo, con mi cara de paloma y mi corazón de zorro! En realidad, lo único que sentía era lo degradante que era para mí la mentira; no, ningún sentimiento sagrado de mi inocencia podía redimirlo. Yo, que hasta entonces iba arropada en los suntuosos atuendos de la sinceridad, ahora debía adoptar un traje de colores cambiantes. Y si al principio no sabía hacerlo resaltar, la costumbre me enseñaría a llevarlo con elegancia y a mentir con gracia. Sí, la hipocresía podía llevar mi alma a su perdición y ocultar para siempre su sello de origen. ¡Oh! padre amado, recibid el corazón puro de vuestra desgraciada hija, y dejad que me una a vos, inocente como era antes, si no no reconoceréis mi rostro alterado. De la misma forma que el dolor cambió a Constance, la mentira me cambiaría a mí, y vos, en el cielo, pronunciaríais estas palabras: «Esa no es mi hija».

Padre, si queremos ser felices ahora y más adelante cuando nos volvamos a ver, he de huir de esta vida que no es más que simulacro para el ser que soy. Solamente en la soledad podré ser yo misma, solamente en la soledad podré ser tuya.

Dios mío, todavía ahora recuerdo con repugnancia los ardides y las artimañas con los que, tras muchos combates penosos, logré conseguir mi retirada. Podría entrar en detalles y contar cómo me aseguré una pequeña subsistencia para el resto de mi vida, y luego cómo logré convencer a todos de mi muerte. Podría pero no lo haré. Todavía ahora me horrorizo de las mentiras que proferí y me revuelven el estómago. Dejo a la imaginación del lector todas estas complicaciones que, espero, podrán ser calificadas de inocentes engaños. Este recuerdo me obsesiona igual que un crimen, y sé que si empezase a contarlo, mi relato no acabaría nunca.

Me llevaron a Londres donde durante varias semanas tuve que aguantar caras y palabras frías, consuelos más fríos todavía, pero de donde logré escapar. Intentaron atarme con cadenas que parecían ser de seda, pero que pesaban como plomo. Sin embargo las rompí más fácilmente que si hubiesen sido una cincha de cáñamo y me escapé hacia la libertad.

Las pocas semanas que pasé en Londres fueron las más tristes de mi vida. Una ciudad grande es un lugar espantoso para un corazón destrozado. La puesta del sol, la dulzura de la luna, los movimientos benditos de las hojas y el murmullo de las aguas, esos son los dulces remedios de una mente desquiciada. El alma se expande y absorbe en paz esa medicina calmante, igual que un marino observa encantado la aparición de una serpiente de mar: amando y bendiciendo la Naturaleza, sin saberlo invocaba una bendición para mi alma. Pero en una ciudad todo es cerrado, sellado igual que en una cárcel severa desde la que solo se puede advertir un rinconcito furtivo. Me es imposible describir la naturaleza frenética de mis sensaciones durante mi estancia allá. Muchas veces me encontré en el límite de la locura. Para ser más precisa, cuando recuerdo aquellas ideas delirantes a veces seguidas de actos, me veo levantando los brazos hacia el cielo implorando a la bóveda celeste para que descendiera sobre mí y me sepultara, o bien arrancando los cabellos de mi cabeza para lanzarlos a los vientos gritando: «Sois libres, id a buscar a mi padre». O bien, igual que la desafortunada Constance, los recuperaba y los ataba para que nadie más pudiera encontrarle si es que yo no podía. Me veo de rodillas, imaginándome estar sobre la tumba de mi padre, golpeando con ira el suelo que le separaba de mí. O también escuchando el ruido del océano mezclándose con los gemidos de mi padre. Y entonces lloraba, vaciándome de todas mis fuerzas hasta que me sentía débil, pero sosegada.

Cuando recuerdo todo esto, me pregunto si aquello no era la locura. Fue en Londres donde esos pensamientos espantosos, y otros muchos que no pueden expresarse por ser demasiado terribles, fueron mi sino. Cuando recuperé mi libertad, todo este sufrimiento desapareció. Al ver los páramos salvajes a mi alrededor, al ver las estrellas del cielo en el Oriente, entonces pude llorar, verter dulces lágrimas. Me sentía en paz.

No os confundáis: nunca estuve loca de verdad.

Siempre fui consciente de mi estado cuando mis insensatos pensamientos parecían querer arrastrarme hacia la locura, y no los dejé expresarse más que en el silencio y en la soledad. La gente a mi alrededor no vio jamás nada de todo esto. Solo veía a una pobre muchacha con el alma destrozada, que hablaba queda y suavemente, y cuyos ojos bajos dejaban a veces escapar lágrimas que intentaba ocultar. Veían a una muchacha que buscaba la soledad y evitaba las miradas, sin sonreír nunca —¡oh no, jamás sonreía!—, y nada más.

Así pues, escapé. Dejé la casa de mi tutor, y de mí nunca más se supo. Las cartas que había dejado, así como otros indicios preparados con antelación, les hicieron pensar que me había dado muerte. Por eso no me buscaron tan minuciosamente como hubiese ocurrido en otras circunstancias, y pronto perdieron toda huella y todo recuerdo mío.

Salí de Londres en un pequeño buque que iba hacia el norte de Inglaterra. El éxito de mi plan y mi completa soledad me devolvieron la paz. El mar estaba liso y mecía suavemente el barco.

Me senté en cubierta bajo el inmenso dosel del cielo, y me sentí una criatura diferente. Ya no era Mathilda la loca delirante y desgraciada entre todas, sino una ermitaña en plena juventud que se dedicaba a la meditación, y cuyo corazón debía resguardarse de todo el tumulto de una desesperanza impía. El extraño vestido monacal que había adoptado, la certidumbre de que mi existencia era un secreto para mí sola, la soledad a la que me dediqué para siempre, mecieron mi corazón herido con pensamientos apaciguadores. La brisa que jugaba con mi pelo me reanimó. Contemplé tranquilamente los rayos del sol centelleando sobre las olas, los pájaros persiguiéndose encima del agua que rozaban con sus alas. Dormí sin que mis sueños me agitaran, y me desperté, fresca y ligera, dispuesta a disfrutar de mi libre serenidad.

Alcanzamos el puerto de nuestro destino en cuatro días. No quise quedarme en la costa y enseguida me fui hacia el interior. Ya tenía previsto donde iba a vivir. Tenía que ser una casa solitaria en una llanura ancha, lejos de toda población, desde la que pudiera contemplar el horizonte entero, y deambular sin rumbo sin ser agredida por la visión de mis semejantes. Yo no era misántropa, pero intuía que el curso tranquilo de mis pensamientos dependía de mi soledad y de mi aislamiento.

Me instalé en un inmenso paraje deshabitado, en un lúgubre páramo sembrado de piedras y salpicado de hierba rasa, con algunos juncos acá y allá cercando pequeños charcos. No muy lejos de mi casita había un pequeño bosque de pinos. Desde mi puerta, un sendero alcanzaba el bosque abriéndose camino entre los juncos. Desde las ramas más altas, los pájaros saludaban al sol naciente y me despertaban para mi meditación cotidiana. Solo el horizonte limitaba mi vista, salvo en el lado en que el bosque puntuaba con una mancha oscura el páramo que extendía en todas direcciones sus colores pálidos, inmenso y desolado. Observaba el trabajo minucioso de las nubes que iban tejiendo sus mallas gruesas. Podía ver cómo subían lentos los pesados nubarrones de tormenta, o gozar de la inmovilidad del cielo azul bajo los pinos.

Mi vida era muy tranquila. Tenía una criada que pasaba casi todo el día en el pueblo, a media legua de distancia.

Mis diversiones eran simples y muy inocentes. Daba de comer a los pájaros que anidaban en los pinos o en la hiedra que cubría el muro de mi pequeño jardín. Pronto me conocieron. Los más atrevidos venían a comer en mi mano y se posaban en mis dedos para cantar su agradecimiento. Después de algún tiempo, otros animales vinieron a visitarme. Un zorro se presentó cada día para buscar el alimento que le destinaba, y me dejó acariciarle la cabeza. Además tenía muchos libros, y un arpa con la que podía apaciguar mi corazón cuando estaba desesperado, para elevarme hacia el amor y la compasión.

¡El amor! ¿Qué podía amar? ¡Oh, muchas cosas! El claro de luna y las estrellas, la luz, las brisas y las lluvias, el frescor. La tierra entera y el cielo que la cubre, todas aquellas visiones de mi imaginación, y luego los recuerdos de heroísmo y de virtud. Sin embargo no había nada que se pareciera a mi vida anterior, salvo que también entonces me hallaba confinada en los libros y la Naturaleza. Cuando de pequeña corría por los campos, muchas veces mi alma parecía cabalgar sobre los vientos y confundirse con el aire de alegre armonía. Y cuando paseaba, cantaba tiernamente por placer, o me contaba a mí misma historias más tiernas todavía. Un encanto sagrado emanaba de todo lo que veía. Bebía de la vida con alegría; mis pasos eran ligeros y mis ojos, iluminados por el amor que les daba vida, se dirigían hacia los cielos. Mi pelo largo y libre flotaba en el viento, y tanto mi cuerpo como mi alma comulgaban en el encanto.

Ahora mis pasos eran lentos y escasos los momentos en que levantaba los ojos, casi siempre llenos de lágrimas. Ya no más canciones ni sonrisas, no más paseos despreocupados que sabían despertar en el alma el interés por lo que la rodeaba.

Estaba encerrada en mí misma, criatura solitaria y egoísta que recordaba sin cesar sus quejas y esperanzas vanas.

Mi vida estaba vacía y sin objeto. Sí, así era. Pero ¿cómo decirle al lirio que la tempestad ha derribado «levántate y florece igual que antes?». Mi corazón sangraba por una herida mortal, no podía vivir de otra manera. A veces, en medio de una paz aparente, veía llegar la desesperanza, la melancolía, o bien un abatimiento que nada podía disipar ni superar, un odio por la vida o un desprecio por la belleza. Todos esos sentimientos me invadían a oleadas, y me quedaba casi aniquilada. No cesé de evocar la muerte en ningún momento, ni cuando estaba serena. Día y noche, levantaba mis ojos llenos de lágrimas hacia el cielo, juntando las manos en una oración, y repetía las palabras del poeta:

> Antes de que vea un nuevo día,
> deja que ese cuerpo se vaya para siempre.

Que no se me reproche mi incoherencia. Pensaba que suicidándome violaría una ley divina de la Naturaleza, y estimaba haber cumplido suficientemente con mi deber asumiendo la pesada carga de aquellas horas y aquellos minutos que no acababan nunca, y que absteniéndome de lo que consideraba como un crimen en mis momentos de serenidad, merecía por lo menos ser considerada virtuosa. También pasaba periodos realmente terribles en los que me desesperaba y dudaba de la existencia de cualquier deber, y de la realidad del crimen. Pero esto me hace estremecer, y prefiero no recordarlo.

IX

Así pasaron dos años. Uno tras otro, centenares de días transcurrieron sin traer ningún cambio notable, pero algunos operaron una lenta transformación en mí a medida que iba deslizándome hacia la muerte. Empecé a estudiar más, a simpatizar con el pensamiento de los demás expresado en los libros. Leía Historia y perdía mi individualidad en las multitudes que habían existido antes de mí. Quizá de este modo, a medida que se atenuaba la sensación de sufrimiento inmediato, me hice más humana. También la soledad perdió sus encantos para mí. Empecé de nuevo a anhelar afecto. No es que me tentara buscar el contacto de la gente, pero sentía la necesidad de tener un amigo que me quisiera. Tal vez, me diréis, me estaba preparando poco a poco a volver a la sociedad de los humanos. No lo creo. La simpatía que deseaba debía ser tan pura, tan depurada de toda influencia externa, que en todo caso el protocolo torpe que siempre rodea a las mejores intenciones del mundo me hubiera desalentado. No, creedme, estaba entonces todavía menos capacitada que antes para avenirme con mis semejantes. Cuando los dejé, me habían hecho sufrir, pero no de la misma manera que el dolor y la enfermedad. Eran algo ajeno a mi espíritu, algo que lo ofendía y que deseaba evitar.

Pero ahora anhelaba simpatía. Me hubiera gustado unir mi alma a la de uno de mis semejantes, pero haciéndolo me hubiera buscado multitud de decepciones y sufrimientos. Yo era tan delicada como una planta sensible, toda nervios. No buscaba ni comprensión ni ayuda para ser sabia o brillante, buscaba sonrisas que me confortaran y palabras dulces que me alentaran.

Deseaba encontrar un corazón para desahogarme libremente, un corazón que, como una tierra de naturaleza divina, supiera hacer brotar una fruta bendita de una semilla maligna. Pero ¿cómo encontrarlo? Ese amor animado por la amistad es de una esencia muy delicada y raras veces se encuentra, salvo cuando dos seres amables se compenetran desde la primera edad, o también cuando se hallan unidos por el sufrimiento o por una búsqueda común. Algunos elegidos lo reciben sin buscarlo, sin saberlo, e igual que un rocío clemente, se posa en algunos lugares escogidos que, bajo su benigna influencia, dejan de ser estériles para convertirse en portadores de toda clase de plantas deleitosas. Pero se escapa a voluntad y se ríe de las plegarias de sus adoradores. Se dispensa pero no se deja coger.

Sabiendo todo esto, no iba en búsqueda de simpatía, pero allí, en mi páramo solitario, bajo mi modesto techo rodeado por el desierto, la amistad vino a mí igual que un rayo de sol invernal que sabe embellecerlo todo y hace fundirse la pesada nieve. ¡Ay de mí! El sol calentó una fruta podrida, y su calor no me hizo renacer. La ruina que yo era no tenía remedio y no pude sentir su poder benéfico. Mi padre ya no existía y su memoria era toda mi vida. Podía experimentar gratitud pero ya nunca más amor o esperanza igual que antes. Todo para mí era sufrimiento, incluso mis entretenimientos, que soportaba y de los que no podía disfrutar. Yo era como un lugar perdido en una montaña, cercado por todos lados por negros precipicios, al que no puede llegar ningún rayo de sol, sin salida alguna hacia campos más alegres. Así pues, a pesar de que supo sosegarme un tiempo, el espíritu de la amistad no pudo salvarme. Vino a visitarme con benevolencia pero me dejó, y apenas me di cuenta. En mí había muerto el aliento de la vida. ¿Cómo extrañarse entonces de que no recibiera su llegada con más alegría, y de que no añorara más amargamente la desaparición del más bello regalo del cielo, quiero decir, de un amigo?

Mi amigo se llamaba Woodville. Contaré su historia brevemente, y podréis juzgar hasta qué punto mi corazón se hallaba frío para no revivir con sus palabras elocuentes ni con su tierna compasión, y cómo, siendo Woodville también muy desdichado, estábamos hechos para consolarnos el uno al otro, de no haber sido yo transformada en piedra por la miseria con cabeza de medusa.

Los infortunios de Woodville no venían del fondo de su corazón como los míos; su dolor era natural, de los que purifican el ser sin destruirlo, para permitirle brillar, una vez superada la sombra, más fuerte y más feliz que antes.

Woodville era hijo de un pobre pastor y había recibido una educación clásica. Formaba parte de los pocos elegidos a los que distingue la fortuna desde su nacimiento, dotándoles, con una profusión sin límite, de todas las cualidades de la inteligencia y del espíritu, y bajo cuya protección ninguna imperfección, por muy ligera que sea, puede aparecer. La fortuna parecía haber formado su espíritu en esa excelencia que ninguna impureza puede manchar, y su inteligencia era tal que ningún error hubiese podido desviarle de su camino. Su genio superaba lo concebible y cuando se alzó, cual una brillante estrella en el Oriente, todas las miradas se hallaban dirigidas hacia él, llenas de admiración. Era poeta, palabra tan malgastada que no llega a dar una idea de lo que era. Era... como un poeta de la Antigüedad que hubiese sido coronado en la cuna por las musas, y alimentado por las abejas. Cuando andaba en medio de los hombres, parecía llevar un halo celeste que lo distinguía y lo colocaba por encima de todos. Su belleza no tenía igual, sus ojos brillaban con un fuego deslumbrante, y los profundos acentos de sus palabras provocaban un éxtasis mudo en sus oyentes.

Trascendía en todo a los demás, que frente a él parecían haber sido concebidos únicamente para celebrar su existencia superior.

Su gloria existía desde su juventud. Todo el mundo le amaba, y nunca se proyectó sobre él la sombra de los celos ni del odio, ni siquiera por parte de los más malvados. Como uno de esos hechizos propios de los dioses, su divinidad personal le servía de barrera y de protección. Así pues, solo el amor y la admiración podían alcanzarle. Su corazón era simple como el de un niño no rozado por la arrogancia ni la vanidad. Se movía en sociedad sin la menor conciencia de su superioridad sobre sus compañeros, no porque los menospreciara, sino más bien porque no detectaba la inferioridad de los demás. Parecía incapaz de concebir hasta qué punto el egoísmo y el vicio dominaban el mundo. Cuando le conocí, aunque sus mayores esperanzas habían sido defraudadas, nunca había experimentado los efectos de la maldad ni del egocentrismo de los hombres.

Su posición era demasiado elevada para permitirle sufrir por la frialdad del corazón de los demás, y muy poco importante para poder experimentar jamás su ingratitud y su egoísmo avasallador. Esa es, entre otras muchas, una de las bendiciones de una fortuna modesta: protegiendo a su beneficiario de la abundancia pecuniaria, al mismo tiempo le impide naufragar en los arcanos de la debilidad y de la maldad de los hombres.

Otorgar favores a los semejantes es atributo de los dioses, y por tanto no corresponde a los mortales; por eso Adán o Prometeo pagaron con su martirio el haberse alzado por encima de su condición primera.

Woodville se hallaba libre de todos esos males, y cuando se presentaban ante él no los tenía en cuenta y seguía su camino, cual un ángel con los pies alados deslizándose por la Tierra sin sentir molestia por los pequeños obstáculos que nos hacen tropezar a nosotros los terrestres. Él creía en la divinidad del genio, y desmentía siempre rigurosamente las objeciones de los ergotistas mediocres y de los críticos menores que suelen reducir a la humanidad a su miserable nivel. «Haré una comparación científica —decía— al estilo del doctor Darwin, si me lo permitís. Considero los llamados errores de un hombre de genio como la aberración de las estrellas fijas. La distancia que nos separa de ellas, y nuestros medios imperfectos de comunicación son los motivos por los que parecen moverse a nuestros ojos, pero en realidad se quedan siempre en un mismo centro glorioso, y nos dan una bella lección de modestia, si es que queremos recibirla».

He dicho que era poeta. A los veintitrés años, publicó su primer poema, y la nación entera, entusiasta y encantada, le aclamó. Su buena estrella no cesó de brillar sobre él, jamás se había establecido una reputación tan rápidamente. Era universal. La gente ponía por las nubes los mismos poemas que maravillaban al sabio en su retiro. No habla ninguna voz disonante en ese coro.

Fue en aquella época en que se hallaba en la cumbre de su gloria cuando conoció a Elinor. Esta joven heredera, de una belleza exquisita, vivía bajo la custodia de su tutor. Desde el momento en que se les vio juntos, parecieron hechos el uno para el otro. Sin llegar al genio de Woodville, Elinor era noble y generosa; su juventud y el amor que inspiraba por doquier la colocaban por encima de la pura virtud y de la excelencia.

Era hermosa, sus maneras eran francas y simples y sus ojos de un azul profundo, bañados en una luz que solo podía conferirle la sensibilidad unida a la sabiduría.

Estaban hechos el uno para el otro, y pronto se amaron. Por primera vez, Woodville probó las delicias del amor.

Elinor se alegraba de poseer el corazón de un hombre tan atractivo y de tan gloriosa reputación. Semejante unión solo podía producir pura alegría.

Woodville era poeta, un poeta universalmente solicitado que atraía todas las miradas en cada una de sus apariciones, pero era hijo de un pobre pastor mientras que Elinor era una rica heredera. No es que su mutuo afecto disgustara a su tutor —el mérito de Woodville era demasiado eminente para que se le pudiera reprochar su poca fortuna— pero, en su última voluntad, el padre de Elinor había establecido que no podría casarse antes de la mayoría de edad si no quería verse privada de su fortuna.

Acababa de cumplir diecinueve años, y al igual que su amante, tuvo que resignarse a esperar. Pero no se separaban, y su felicidad parecía la del Paraíso. Estudiaban juntos, hacían proyectos para sus actividades futuras, sus miradas y las palabras que intercambiaban respiraban alegría, y apenas tuvieron que lamentar el aplazamiento de su unión completa. Woodville alcanzó la gloria eterna. En cuanto a Elinor, se hizo más bella y más sabia siguiendo los preceptos de su cumplido amante.

Faltaban dos meses para que Elinor cumpliera veinte años. Todo estaba listo para su unión. ¿Cómo contar la catástrofe que puso fin a semejante alegría? El mundo no sería lo que es, lleno de plagas y dolores, si hubiese tolerado la existencia de esta pareja de criaturas angélicas. Por mucho que busquéis, no encontraréis sobre la tierra la felicidad perfecta de la que esta boda les hubiese permitido gozar. Haría falta una revolución en el orden de las cosas que nos han sido permitidas, a nosotros pobres humanos, para que se admitiera una alegría tan perfecta. Haría falta romper el engranaje de la necesidad que siempre trae miseria, pero el maligno destino que lo domina no toleraría semejante brecha en sus leyes eternas. Pero ¿por qué me quejo? La desgracia era mi elemento, y ninguna otra cosa más que la desgracia podía llegar hasta mí. Si Woodville hubiese sido feliz, no le hubiera conocido jamás. Y yo, que fui alimentada por las lágrimas y bañada en el rocío de la aflicción durante tantos años, ¿podría yo acaso relataros, aunque fuera por unos momentos, otra cosa que una historia de dolor y de muerte?

Woodville tuvo que hacer un viaje fuera de la ciudad, y día tras día, para su gran pesar, fue retenido lejos de su amada. Recibió una carta de ella en la que confesaba estar ligeramente indispuesta. Le rogaba que volviera pronto a su lado, pues su mirada le devolvería la salud y su presencia sería el mejor remedio. Fue retenido tres días más, y volvió volando a su lado. Sin que supiera por qué, su corazón le predecía una desgracia. No había recibido más noticias y temía que estuviera peor; ese temor le inquietaba, y se sentía impaciente por verla de nuevo gozando de buena salud. Y es que le parecía oír una voz funesta repitiéndole al oído: «Nunca más la volverás a ver como era antes». Cuando llegó a su casa, todo estaba en silencio. Atravesó varias habitaciones, y en una de ellas vio a una criada llorando amargamente. Desfalleciendo de temor, apenas pudo preguntarle: «¿Está muerta?» y apenas oyó la terrible respuesta: «Todavía no».

Estas palabras aterradoras tuvieron sobre él un efecto menos espantoso del que temía, y el saber que todavía estaba con vida —lo cual le permitía tener esperanza— fue un alivio para él. Recordó las palabras de su carta, y se tranquilizó con la idea de que sus besos, que respiraban el calor del amor y de la vida, insuflarían en ella un espíritu nuevo, y que con él a su lado ella no podría morir, convirtiéndose su presencia en el talismán de su salud.

Fue corriendo a la habitación de la enferma. Estaba echada con las mejillas ardiendo de fiebre, los ojos ya cerrados, aparentemente sin conocimiento. La cogió en brazos, besó hasta ahogarse los labios que ardían, y con una voz llena de una angustia contenida la llamó con los nombres más dulces: «Vuelve Elinor, estoy junto a ti, yo soy tu vida, tu amor. Vuelve, querida mía, me prometiste que yo te devolvería la salud. Deja nacer tu dulce espíritu, no puedes morir estando yo a tu lado».

Besó de nuevo sus labios, sus ojos, se inclinó sobre su cuerpo inanimado que agonizaba, contempló sus rasgos alterados pero siempre bellos, observó cada ligera convulsión, vio cambiar sus colores, lo cual indicaba que el momento de irse la vida se retrasaba todavía. En un momento dado, recobró el conocimiento y reconoció su voz. Una sonrisa, una última y bella sonrisa, erró sobre sus labios. Veló doce horas a su lado, hasta que ella se extinguió.

X

Fue seis meses después del triste desenlace, del fin de las esperanzas que él mantenía desde hacía tanto tiempo, cuando le vi por vez primera.

Se había retirado a un lugar donde nadie le conocía, para poder dar rienda suelta a su aflicción con tranquilidad. La muerte de su querida Elinor había cambiado el mundo para él, y nunca más pudo volver a los lugares donde la había visto, donde su imagen asociada a las esperanzas más prometedoras lo había iluminado todo como una hoguera de alegría; ahora todo estaba sumido en una oscuridad más negra que la medianoche, desde el día en que Elinor, el sol de su vida, se había apagado para siempre.

Vivió un tiempo sin mirar jamás la luz del cielo, rodeando sus ojos de tinieblas sin fin, lejos de todo lo que le podía recordar lo que había sido. Pero cuando el tiempo llegó a dulcificar su pena, como auténtico hijo de la Naturaleza, supo encontrar el consuelo de sus desgracias en el goce de sus bellezas. Se había retirado a un rincón del país donde era totalmente desconocido, y donde no podía conversar más que con su corazón en la más profunda soledad. Encontró ayuda para su impaciente dolor en las brisas de los cielos y en los suspiros de las aguas y de los bosques. Encontró placer en montar a caballo. Este ejercicio distraía su mente y le daba ánimos. En un corcel veloz podía, por un momento, darse una tregua lejos de aquella imagen que le perseguía siempre: Elinor sobre su lecho de muerte, con sus hermosos rasgos alterados y el dulce aliento que la animaba disminuyendo poco a poco hasta apagarse. Durante meses, Woodville se había esforzado en vano en apartar ese atroz recuerdo que le obsesionaba sin cesar hasta el punto de convertirse en carga demasiado pesada para su alma agobiada, pero a caballo, la cadena que le ataba a esos recuerdos quedaba aniquilada. Si entonces recordaba a su novia desaparecida, la veía radiante de belleza. Oía su voz, la imaginaba cazadora a su lado, y sus ojos brillaban al figurarse que contemplaba su rostro amado.

Le había visto varias veces pasar a caballo por el páramo, y me había sentido irritada al ver mi soledad perturbada. Hacía mucho tiempo que no había hablado más que con campesinos, y no me gustaba la sensación de que alguien de rango superior me descubriera. Además temía que esta persona me hubiese visto antes, que pudiera reconocerme y revelar mi engaño, lo cual me valió unas torturas jamás sufridas aún. Esos temores me aterrorizaban y me obsesionaban incluso en sueños.

Un día me encontraba sentada en el linde del pequeño bosque de pinos cuando Woodville pasó no muy lejos. Tan pronto como le advertí, me levanté precipitadamente para que no me viera y entré en el bosque. Mi movimiento brusco asustó a su caballo, que se encabritó y coceó tanto que desarzonó al jinete. El animal entonces se alejó al galope mientras el forastero quedaba en el suelo, sorprendido por su caída. No estaba herido, y un poco de agua fresca le permitió recuperarse enseguida. Me impresionó su extraordinaria belleza, y cuando habló para darme las gracias, la entonación dulce y melancólica de su voz me hizo llorar.

Tuvimos una breve conversación, y al día siguiente se detuvo delante de mi casita, y poco a poco se estableció una intimidad entre nosotros. Le parecía extraño ver a una persona del sexo femenino, tan joven —yo no tenía veinte años aún, visiblemente pertenecía a la capa superior de la sociedad, poseía todos los atributos que puede conferir una excelente educación—, viviendo sola en un páramo desolado, alguien cuya frente estaba fuertemente marcada por el sello del dolor, cuyos gestos y palabras revelaban que no estaban acordes con su corazón sino más bien prisioneros de pensamientos lejanos y de crueles sufrimientos. Además llevaba un extraño vestido que parecía de monja e indicaba que no me había retirado del mundo por necesidad, sino para abandonarme al lujo de la felicidad en una reclusión voluntaria. Pronto se interesó mucho por mí, y sentado a mi lado, intentando alentarme, llegó a olvidarse a ratos de su propia pena. Y él no podía sino despertar el interés, aunque fuera de una persona cerrada para el mundo entero, que no esperaba más que la muerte, y no vivía más que con desaparecidos. Su belleza personal, su conversación radiante de sensibilidad e imaginación, la poesía que parecía fijada a sus labios y dotada del poder de imponer el silencio al aire mismo para hacerse oír mejor eran atractivos a los que nadie podía resistirse. Era más joven, menos desgastado, menos apasionado que mi padre, y en nada me lo recordaba. Sufría por una desgracia muy reciente cuyo moderado impacto, lejos de producir sentimientos inimaginables en otras circunstancias, parecía simplemente velar lo que de otra forma hubiese sido demasiado deslumbrador para mí. Yo hablaba cuando nos encontrábamos juntos, y sin embargo mi espíritu orientado hacia sí mismo se veía a veces arrastrado lejos por el rápido curso de sus propios pensamientos: levantaba mis ojos llenos de un brillo fugaz... y luego volvían aquellos recuerdos que no morirían jamás y que raras veces dormían, y entonces una lágrima enturbiaba mi vista.

Woodville intentaba sin tregua hacerme ver todo lo bello y feliz de este mundo. Por naturaleza, su espíritu estaba totalmente orientado hacia el bien y no hacia el mal, y esta disposición, propia para introducir alegría en el corazón mismo de los desesperados, iluminaba sus discursos. Hablaba de los maravillosos poderes del hombre, de su estado y de sus esperanzas, de lo que había sido y de lo que era, y cuando ya no podía dejarse guiar por la razón, su imaginación, como inspirada, ponía luz en la oscuridad que ocultaba el presente y el futuro. Le gustaba evocar lo que había podido ser la vida sobre la Tierra antes de la aparición del hombre, convertido este, por la evolución, en la extraña, compleja y gloriosa criatura que era ahora, cubriendo la Tierra con sus creaciones, concibiendo, mediante el poder de su espíritu, otro mundo más bello sobre la estructura visible de las cosas, sin olvidar todo el universo plasmado en sus escritos. Una bella creación, decía, que puede reivindicar su superioridad sobre el modelo, por haber permitido que el bien y el mal fueran más fáciles de distinguir, el bien recompensado según el deseo de cada uno, y el mal castigado como ha de serlo todo mal: no por el dolor, inconcebible para el filántropo sin sublevación, sino por esa reclusión que le priva simplemente de sus cualidades maléficas. ¿Para qué matar una serpiente que ya no puede morder?

La poesía de su lenguaje y de sus ideas, que mis palabras traducen mal, me mantenía encadenada a sus discursos. Experimentaba un placer melancólico al oír sus inspiradas exposiciones, al captar un instante el brillo de su mirada, al sentir una efímera simpatía que me sacaba de mis cavilaciones, pero luego comprendía de nuevo que todo esto no era más que un sueño, una sombra sin realidad para mí. Mi padre me había abandonado para siempre, dejándome solo recuerdos que formaban una eterna barrera entre mis semejantes y yo. De hecho estaba excluida de su sociedad. Woodville, él, lloraba la muerte de su novia; otros lloraban otras desgracias que les habían tocado; pero lo mío estaba manchado de infamia y pecado.

Una pasión prohibida y odiosa había vertido su veneno en mi corazón y alterado toda mi sangre, que, de ahora en adelante, ya no sería ese benéfico torrente de vida, sino una fría fuente de hiel, envenenada en su propio nacimiento.

Probablemente sea el exceso de locura lo que me hace creer que solo puedo estar sola, paria de la humanidad, sin afinidad alguna con hombre o mujer, excluida de la Naturaleza.

A veces, Woodville me hablaba de él. Contaba su corta historia de felicidad y de desgracia, y se extendía con pasión sobre su amor correspondido por Elinor.

«Ella era —decía— la aparición más deslumbrante que jamás conoció la Tierra. Había algo en su ademán franco, en su voz, en cada movimiento de sus gentiles formas, que me mantenía en su poder, como si hubiese sido una criatura celeste que se hubiera dignado unirse a mí en una relación más exquisita que las que jamás conoció el hombre. Las penas huían ante ella, y su sonrisa parecía poseer el poder de la luz e irradiar en todas las oscuridades del espíritu. Su noble sonrisa se prodigaba aquí y allá, no como una belleza humana sino como un rayo de sol sobre un lago, unas veces luz, otras veces noche, y se desvanecía si se la intentaba retener para guardarla en el corazón para siempre. Yo vi desaparecer aquella sonrisa. ¡Ay de mí! Jamás hubiese podido creer que era Elinor quien moría si, en un momento en que yo le estaba hablando, ella no hubiese levantado sus ojos ya casi sumidos en las tinieblas, y si no hubiese aparecido durante un instante —incomparable en esta Tierra, más hermosa que un rayo de sol, más fugitiva, más veloz que el plumaje ondeante de un pájaro, deslumbrante como el rayo y al igual que este dándole luz a la noche—, si, repito, no hubiese aparecido, aunque débil y pálida, aquella sonrisa. Se fue, llevándose consigo toda mi alegría».

Así era como las penas y las imágenes, inspiradas por la Naturaleza, que habitaban su espíritu, más bellas que al natural, llenaban nuestras conversaciones, mientras yo disimulaba mi dolor guardándolo en el secreto más absoluto. Si él por casualidad manifestaba su curiosidad, yo bajaba los ojos, mi voz se extinguía, y mi dolor manifiesto le convencía rápidamente de la conveniencia de alejar los pensamientos que había despertado. Sin embargo, introducía constantemente en su conversación palabras de consuelo, e intentaba sosegar mi desesperación con demostraciones de compasión y de simpatía profunda.

«Los dos somos infelices —me decía—, os he contado mi triste historia, y juntos hemos llorado la pérdida de esa bella alma que tan cruelmente me ha abandonado. Pero vos ocultáis vuestro dolor. No os pido que me lo reveléis, pero decidme si yo os puedo consolar. Me parece extraordinario encontrar en este desierto a alguien como vos, tan solitario. Sois joven y bella, vuestros ademanes son refinados y seductores, y no obstante hay algo en vuestra melancolía y en la expresión de vuestra mirada que parece proscribiros del género humano. Perdonadme, os lo ruego, pero no puedo evitar expresaros por lo menos una vez el gran interés que siento por vuestro sino.

»Nunca sonreís. Pronunciáis palabras en voz baja, como si tuvierais miedo del menor sonido que vais a emitir. Vuestro rostro jamás se libera de las señales de un dolor intenso y terrorífico. Yo he perdido para siempre a la compañera más adorable que jamás un hombre pudo poseer, que parecía más un espíritu superior, colocado por casualidad entre nosotros los humanos, que un miembro de nuestra especie. A pesar de todo, sonrío y a veces hablo olvidándome casi del cambio de destino que he sufrido. Pero vos... Vuestra triste expresión no cambia nunca. Vuestro pulso late, respiráis, y sin embargo parece que pertenecéis a otro mundo y a veces, perdonad la audacia de mis pensamientos, cuando me tocáis la mano, me sorprende sentir vuestro calor mientras toda la llama de vida parece apagada en vos.

»Cuando os miro veo las lágrimas que vertéis, las miradas dulcemente reprobatorias con las que rechazáis mis preguntas, la profunda simpatía que traduce vuestra voz cuando os hablo de mis penas. Todo ello incrementa mi interés por vos. Aquí estáis sin amparo. Os habéis apartado de la comunidad de los humanos, consumiéndoos en esta llanura salvaje, abandonada y desamparada. ¡Qué terrible calamidad debió de golpearos! No os apartéis de mí, no os pido que me la reveléis. Os ruego que me escuchéis y que os familiaricéis con la voz del consuelo y de la benevolencia. Si la piedad, la admiración, el noble afecto pueden alejaros de vuestra aflicción, dejad que intente conseguirlo. No puedo ver vuestro aire de profunda desgracia sin procurar llevaros hacia sentimientos más felices. Desarrugad vuestra frente, deshaceos de la austera melancolía de vuestra mirada, permitid que un amigo sincero y solícito, pues eso seré para vos, os traiga un alivio y un descanso momentáneo en vuestros sufrimientos.

»No penséis que quiero forzar vuestra confianza, no os pido más que vuestra paciencia. No mostréis sin cesar vuestro dolor sin explicarlo jamás. Pronunciad una palabra de queja amarga y yo la apartaré con dulces exhortaciones... Os cuidaré con un bálsamo de compasión. No debéis cerraros a toda comunión conmigo, no me expliquéis por qué sufrís, pero decid esas solas palabras: "Soy desdichada" y os sentiréis aliviada como si, después de haber sido excluida un tiempo de toda relación por un mágico encanto, pudierais acceder de nuevo al círculo de la compasión humana.

»Os suplico que creáis en la gran sinceridad de mis

palabras, y os pido que me tratéis como a un verdadero amigo. Prometed no olvidarme jamás ni proscribirme jamás sin motivo. Intentad más bien amarme como a alguien que dedicará toda su energía a haceros feliz. Consideradme amigo vuestro. Cumpliré con el deber que me corresponde, y si por un instante vuestros dolores y vuestras quejas pudieran expresarse, dejadme estar a vuestro lado para hablar de paz a vuestra alma afligida».

Relato estas exhortaciones con trazos débiles y no puedo expresar al mismo tiempo el tono y los gestos que las animaban. Al igual que una refrescante lluvia en un suelo árido, volvían a darme la vida, y aunque no dejé de mantener secreta su causa, él me llevó a desahogar mis amargas penas y arropar mi dolor con palabras de fuego y hiel. Con toda la energía del sufrimiento y de la desesperación, le conté cómo de golpe había pasado de la felicidad a la desgracia, cómo para mí ya no había alegría ni esperanza, y cómo solo la muerte, por muy amarga que fuera, podía poner fin a mi dolor. La muerte y su esqueleto debían de ser hermosos como el amor. No sé por qué me era dulce dirigir esas palabras a unos oídos humanos, y por muy irrisorio que me pareciera todo consuelo, me complacía ver cómo se me ofrecía con gentileza y benevolencia. Yo escuchaba con calma, y cuando él se callaba, yo daba rienda suelta a mi aflicción en unos términos que revelaban hasta qué punto mis heridas eran demasiado profundas para ser curadas.

Pero también empezaba a cosechar los frutos de mi perfecta soledad. Me había vuelto incapaz de tener cualquier relación, incluso con Woodville, la persona más noble y más compasiva del mundo. Me había vuelto mezquina y desatinada, todo mi carácter se había resentido. Lo llamaba mi amigo pero consideraba todo lo que hacía con ojos suspicaces. Si no venía a verme a la hora indicada, me enfadaba, me enfadaba mucho, y le decía que si realmente tenía interés por mí, era de una manera fría que no convenía a una pobre criatura fatigada como yo, cuya profunda desgracia exigía mucho más que lo que su corazón terrenal podía ofrecerme. Y si en algún momento su comportamiento me parecía frío, le decía enojada:

«Estaba en paz antes de vuestra llegada. ¿Por qué venir a molestarme? Me habéis creado nuevas necesidades, me tratáis como si mi corazón os perteneciera. ¿No me veis tal como soy en realidad, una pobre oveja acorralada en la vertiente expuesta de la colina, a merced de todas las ráfagas? No necesito amigo ni compasión. Hui de vos, bien lo sabéis, y vos os habéis impuesto creándome esas nuevas necesidades que os dan, lo constatáis triunfalmente, poder sobre mí. ¡Ah! ¡Qué bello es el poder del cruel viento del Norte, que hiela las lágrimas que ha hecho correr! ¡No! No sufriré esto. Idos. El sol se levantará y se pondrá igual que antes, y me sentaré bajo los pinos o iré por la llanura con mis lamentos sin necesidad de que me escuchéis. Sois cruel, muy cruel, por tratarme de esa forma grosera, a mí que sangro por todos los poros de mi piel».

Entonces, cuando en respuesta a mis palabras amargas, veía sobre mí su expresión llena de una compasión auténtica, cuando le veía:

> Gli occhi drizzò ver' me con quel sembiante,
> che madre fa sovra figliuol deliro[6].

Lloraba diciéndole: «¡Oh! Os pido perdón. Sois bueno y dulce, pero yo no estoy hecha para vivir. ¿Por qué me obligan a vivir? ¿A arrastrar una tras otra esas horas, a mirar sin descanso los árboles meciendo sus ramas, a sentir el aire y sufrir la más viva agonía en todo lo que experimento?

---

6 Sus ojos se elevaron hacia mí con esa mirada que las madres dirigen a los delirios infantiles, Alighieri D. *"Paradiso"* C. I v. 102

Mi cuerpo es sólido pero mi alma sucumbe a esos agudos tormentos.

Mi única aspiración es la muerte, y por desgracia no la veo llegar. Vos, amigo compasivo, decidme cómo morir en la inocencia y la paz, y os bendeciré. Todo lo que puede desear una pobre miserable como yo es morir sin sufrir».

Pero las palabras de Woodville tenían una magia que, emanando de la compasión más dulce, me arrancaban de mí misma y de mi dolor, hasta que me sorprendía de mi propio egoísmo. Pero cuando él se iba, mi desesperación volvía y había que empezar de nuevo el trabajo de recuperación. Algunas veces, no deseaba verle en absoluto. Pensaba que después de haber abandonado los caminos de la vida y haberme entregado a esa larga reclusión, aunque podía soportar mi pena habitual y beber con resignación el amargo brebaje cotidiano, me había vuelto incapaz de experimentar nuevos sentimientos. La espera, la esperanza, el afecto estaban muy lejos de mí... lo sabía, pero en otros momentos perdía la cabeza y le echaba la culpa a él que lo merecía menos que nadie, y pensaba con humor que si su noble alma lo fuera un poco más y su noble simpatía un poco más vigorosa, podría arrancar al Maligno de mi corazón y hacerme más humana. «A sus ojos —pensaba— no soy más que un personaje de tragedia cuya actuación viene a contemplar. De vez en cuando, me da una contrarréplica para inducirme a una respuesta que le convenga mejor. Quizá esté ya preparando un poema en el que debo figurar. Para el no soy más que un personaje bufón mientras que para mí todo esto es la triste realidad. Él se aprovecha, y yo llevo todo el peso».

XI

Curiosamente, ocurre que las bendiciones se convierten en maldiciones con el uso; y yo, que en mi soledad había deseado la simpatía como único remedio aceptable, ahora la sufría como una tortura suplementaria.

Mientras vivía mi padre, yo siempre había manifestado una disposición afectuosa e indulgente, pero desde aquellos días de alegría, por desgracia, había cambiado mucho. Me había vuelto arrogante, irritable, y por encima de todo desconfiada. Y aunque todo el interés de mi relato ha llegado a su fin y debo contar rápidamente su triste desenlace, no obstante explicaré, a modo de ejemplo de mi desconfianza y desesperación, cómo Woodville, con su bondad y su poder casi angelical, dulcificó mi rudeza y me llevó a ser más amable.

Había prometido pasar algunas horas conmigo una tarde, pero una lluvia violenta e incesante se lo impidió. Me quedé sola toda la tarde. Había pasado dos años a solas sin quejarme, pero aquella vez me sentí desgraciada. No se preocupa realmente por mí, pensaba, pues en caso contrario la tormenta le hubiese incitado a venir y no hubiera impedido la visita prometida. Él debía saber que el cielo sombrío y esta lluvia oscura me agobiaban casi hasta la locura. Si hubiese hecho buen tiempo, hubiera añorado menos su ausencia, encerrada como estaba en esta miserable casita, con el pensamiento de mi desgracia por toda compañía. Si fuera realmente mi amigo, se le hubiera ocurrido todo esto. Ahora he de calibrar esa pretendida amistad y estimarla en su justo valor. Se ha recuperado de su dolor por Elinor, el país le resulta aburrido, está contento de verme para distraerse. Y cuando no sabe qué hacer, pasa aquí sus horas de ocio, y esto es lo que él llama amistad. Es cierto que su presencia es un consuelo para mí, que sus palabras son dulces, y que, cuando él quiere, puede apartar de mí los pensamientos que me llevan a la desesperación. Sus palabras son dulces, a decir verdad tan dulces como la miel de las abejas, pero la abeja posee un dardo, y la maldad es una ponzoña peor que el veneno de un insecto. Haré una prueba. Dice que ha muerto toda esperanza para él, yo sé que ha muerto para mí, ambos pues estamos hechos para morir ya. Veré si quiere morir conmigo… y como me da miedo morir sola, veré si se atreve a acompañarme para animarme. Veré pues si puede actuar como amigo en la única forma que mi desgracia puede tolerar. Era una locura, creo, pero me hice tanto a la idea que no pude pensar en nada más. Si muere conmigo, perfecto, así acabarán dos seres miserables. Si no lo hace, ridiculizaré su amistad y beberé el veneno delante de él para que se avergüence de su cobardía. Preparé toda la escena con el corazón convencido, y me dediqué a ese proyecto con frenesí.

Conseguí láudano, lo puse en dos vasos sobre la mesa, llené de flores mi habitación y adorné la última escena de mi tragedia con el cuidado más escrupuloso. Al aproximarse la hora de su llegada, mi corazón flaqueó y me puse a llorar, no porque renunciara a mi proyecto sino porque sentía que, aun manteniéndose firme, el espíritu ha de pasar por varias revoluciones afectivas antes de poder beber su muerte. Pero todo estaba preparado cuando llegó Woodville. Le recibí a la puerta de mi casa y lo llevé solemnemente a la habitación con esas palabras:

«Amigo mío, deseo morir. Estoy totalmente cansada de sufrir esta miseria de cada hora, y voy a deshacerme de ella.

»¿Qué esclavo no intenta, si puede, escapar de sus cadenas? Mirad, estoy llorando. Desde hace más de dos años, jamás he podido disfrutar de un momento sin angustia. Muchas veces he tenido ganas de morir pero soy una verdadera cobarde. Es duro para una persona tan joven como yo, que una vez fue tan feliz como lo fui yo, privarse voluntariamente de toda sensación e irse sola hacia una lúgubre tumba. No me atrevo. He de morir y sin embargo el miedo me hiela. Me detengo y me estremezco de horror y luego, durante meses, sufro infortunios en exceso. Pero ahora ha llegado el momento en que debo dejar la vida, tengo un amigo que no se negará a acompañarme en este sombrío viaje.

»Esa es mi petición. Con toda seriedad, os suplico y os imploro que muráis conmigo. Entonces volveremos a encontrar a Elinor, y lo que yo he perdido. Veis, estoy preparada. Aquí está el brebaje de la muerte, bebámoslo juntos y dejemos de buen grado y alegremente este ordinario curso de los días que odio. Os apartáis de mí. Sin embargo, antes de decirme no, pensad, Woodville, en lo dulce que será tirar lejos esta carga de lágrimas y dolores bajo la cual padecemos ahora. Con toda seguridad encontraremos la luz después de haber atravesado el oscuro valle. Este brebaje nos sumirá en un sueño apacible, y qué alegría ver, cuando despertemos, que miedos y dolores pertenecen al pasado. Un poco de paciencia y todo se acabará. Sí, un poquito de paciencia. Mirad, aquí está la llave de vuestra prisión, aquí, en nuestras manos. ¿No seremos más viles que unos esclavos si la rechazamos y nos entregamos libremente a la esclavitud? Mirad, tengo las mejillas rojas de placer solo de imaginar la muerte. Todo lo que amamos ya no existe. Venid, dadme la mano; dirigidme una mirada de simpatía alegre y juntos iremos a reunirnos con ellos. Un viaje que nos mecerá… cuyo destino nos traerá la felicidad, y en el que nuestro despertar será el de los ángeles. ¿Dudáis? ¿Acaso sois cobarde, Woodville? ¡Vamos! ¡Dejad ese aire confundido de compasión humana! ¡Ah! ¡Si supiera qué palabras emplear para describir el esplendor de la muerte, cómo os ganaría! Os digo que se acabaron nuestras vidas de pobres mortales. ¡Estamos a punto de convertirnos en dioses! Unos espíritus libres y felices como dioses. ¿Qué loco perdido en una ribera sin amparo, al ver a su amor haciéndole señales para que se reúna con él desde una isla de la otra orilla, se detendría con el pretexto de que las olas parecen oscuras y agitadas?

Qué importa esa ligera pena que se encuentra en el camino,
que hace temer al cuerpo endeble la amargura de la ola,
una breve pena, soportada con cordura,
sabrá conducirnos a ese largo reposo en el que duerme
en paz nuestra alma, tendida en la tumba[7].

7 Spenser, E. "The Faerie Queene", *Libro I canto 9*, 1590

»¿Me habéis oído bien? He aprendido el lenguaje de la desesperanza. Lo conozco de memoria porque yo soy la desesperanza. Pero estas palabras son falsas, la ola quizá es oscura pero no es amarga. Nos echaremos, cerraremos los ojos deseándonos buenas noches, y al despertar ¡seremos libres! Venga, no tardéis más, ¡rezagado! ¡Mirad esa agradable poción! ¡Mirad! Soy un espíritu del bien que os invita, no una joven humana, cuya convincente voz os dice: "Venid y bebed"».

Al tiempo que hablaba, miraba fijamente su expresión, su maravillosa belleza, la celeste compasión que resplandecía en sus ojos. Su mirada amarga pero seria, llena de desaprobación y de sorpresa, hizo cambiar mis locas intenciones antes de que él hablara, y me llenó del pesar más dulce. Vi sus ojos húmedos cuando cogió mis manos entre las suyas, se sentó a mi lado y dijo:

«Es muy triste el acto al que me queréis conducir, amiga querida, y muy grande ha de ser vuestro pesar para llenar vuestro corazón con tan tristes pensamientos. Suspiráis por la muerte, aunque la teméis, y queréis que yo os acompañe. Pero tengo menos valor que vos, e incluso acompañado, no me atrevo a morir.

»Escuchadme, luego reflexionaréis para saber si debéis convencerme de vuestro proyecto, y si entonces la imperiosa elocuencia de vuestra desesperación puede hacer tan atractiva la negrura de la muerte que hasta los cielos luminosos parezcan oscuros. Escuchad, os lo ruego, las palabras de alguien que también alimentó pensamientos de desesperación, que esperó la muerte con un deseo impaciente, pero que acabó pisoteando ese fantasma y aplastando el aguijón que le espoleaba. Vamos, al igual que habéis jugado el papel de la Desesperanza para mí, yo haré para vos el papel de Una y os sacaré indemne de esa oscura caverna. Escuchadme y dejaos ablandar por palabras en las que no subsiste la menor preocupación por mí mismo.

»No sabemos lo que significa este vasto mundo, esa extraña mezcla del bien y del mal, pero fuimos colocados aquí donde se nos manda vivir y esperar. Aquí está el bien, y en la Tierra nuestra tarea es encontrarlo. Si la desgracia cae sobre nosotros, debemos combatirla, rechazarla y seguir buscando lo que por naturaleza deseamos. Ignoro si esta perspectiva de búsqueda del bien nos prepara para otra existencia, o si simplemente debemos, como los trabajadores de las viñas del Señor, aportar nuestro lote y allanar el camino para la posterioridad. ¿Y si fuera este el caso, si los esfuerzos de los virtuosos de hoy sirvieran para hacer más felices a los futuros habitantes de nuestro hermoso mundo? ¿Y si la labor de los que rechazan el egoísmo e intentan conocer la verdad de las cosas sirviera para liberar a los hombres de otra época, alejados aún de nosotros, pero que llegarán algún día, de la carga bajo la cual gimen los que hoy viven, y que como vos lloran amargamente? Y si no los liberan más que de uno de los males que son hoy día necesarios a la vida, la verdad es que yo no fallaré, y con toda mi alma ayudaré a esta tarea. Desde mi más tierna edad he pensado: seré virtuoso, dedicaré mi vida al bien de los demás, haré todo lo que pueda para extirpar el mal, y aunque el espíritu del mal tuviera que influir en las circunstancias y hacerme sufrir en el transcurso de mi tentativa, pues bien, mientras haya esperanza, y siempre ha de haberla, me pondré alegremente al trabajo».

»Tengo un poder del que mis compatriotas tienen muy buena opinión. ¿Creéis que siembro mis semillas en un terreno estéril, sin finalidad alguna? Creedme, jamás desertaré de la vida mientras la última esperanza no haya sido arrancada de mi corazón; creedme, mi labor forma una anilla en la cadena de oro mediante la cual todos debemos esforzarnos por arrancar la felicidad de su trono en lo alto de las nubes, aún lejos de nuestro alcance, para que venga a habitar la Tierra junto a nosotros. Supongamos que Sócrates o Shakespeare hubiesen sido presa de la desesperanza y hubiesen muerto en su juventud, a la edad que yo tengo. ¿No pensáis que su destrucción hubiese hecho perder al mundo, tanto como a nosotros, un progreso inestimable hacia el bien y la felicidad? No soy uno de ellos. Influenciaron a millones de hombres. Pero si yo pudiese convencer a cien, o a diez, o aunque solo fuera a uno, para conducirlo de una forma u otra hacia el bien, esta alegría me recompensaría de mis penas, y aunque estas se multiplicasen hasta el infinito, la esperanza me ayudaría a soportarlas.

»En cuanto a los que no trabajan para la posteridad, o a los que, como yo quizá, lo hacen sin ser conocidos, pues bien, ellos también, creedme, tienen un deber.

»Os lamentáis porque sois desdichada. Buscáis la felicidad y os desesperáis porque no la encontráis. Pero si pudierais dar un poco de felicidad a alguien, si pudierais darle aunque solo fuera una hora de alegría, ¿no deberíais seguir con vida para hacerlo? Cada uno de nosotros posee este poder. ¡Los habitantes del mundo sufren tanto! En las ciudades populosas, en las llanuras cultivadas, en las montañas desiertas, el dolor se halla sembrado en abundancia, pero si podemos arrancar aunque solo sea una de esas malas hierbas para plantar en su lugar una semilla de trigo o una bella flor, eso ha de sernos suficiente para rechazar el suicidio. No abandonemos nuestra tarea mientras subsista la menor esperanza.

»En realidad, no me atrevo a morir. Tengo una madre de la que soy el apoyo y la esperanza. Tengo un amigo que me quiere como a su propia vida y cuyo corazón heriría mortalmente si le abandonara como un ingrato. No moriré, y vos tampoco, amiga mía. ¡Valor! Detened esas lágrimas, os lo suplico. ¿No sois joven, y bella, y buena? ¿Por qué desesperaros? O si desesperáis por vos, ¿por qué desesperar por los demás? Si jamás podéis ser feliz, ¿no podréis ofrecer jamás la felicidad? Creedme, si vierais en unos labios pálidos de dolor una sonrisa de alegría y de gratitud que, sin vos, nunca hubiese existido, sentiríais una felicidad tan pura y ardiente que os darían ganas de vivir más y más para experimentarla de nuevo.

»Bien, veo que ya os habéis deshecho de esas tristes reflexiones a las que os habíais abandonado con frenesí. Contemplaos en ese espejo.

»Cuando he llegado, teníais la frente arrugada, los ojos hundidos en las órbitas, los labios estremecidos. Vuestras manos temblaban violentamente cuando las cogí. Ahora, todo está tranquilo. Estáis afligida y se lee el dolor en las facciones de vuestra cara, pero es noble y sereno. Me permitís arrojar ese brebaje maldito. Sonreís. ¡Oh! Felicitadme, triunfa la esperanza y he hecho el bien».

Débiles son las palabras que repito, pero fueron realmente palabras de fuego, y produjeron en mí una ardiente esperanza —yo, pobre miserable, ¡tener esperanza!— que hirvió en mis venas como el placer.

Se fue después de muchas horas, no sin haber hecho progresar antes la chispa que había hecho nacer, y alimentado, con una mano angélica, el retorno de algo que se parecía a la alegría. Se marchó pero me quedé serena, saludando al cielo sembrado de estrellas y a la tierra húmeda de rocío con ojos de amor, y deseándoles las buenas noches. Dormí tranquila, visitada por sueños que fueron los primeros en hablarme de alegría después de tantos meses.

Esa tregua solo fue pasajera, y mis antiguos hábitos volvieron, pues estaba condenada a sufrir mientras estuviera con vida. Al dolor natural por la muerte de mi padre y a su horrible causa, se añadía la imaginación, que multiplicaba el mal. Me creía manchada por el amor ilícito que había inspirado, me creía criatura maldita, proscrita por el género humano; pensaba que, cual otro Caín, llevaba en la frente un estigma que avisaba a mis semejantes de que había una barrera entre ellos y yo. Woodville me había dicho que la expresión de mi cara me daba el aspecto de pertenecer a otro mundo. Así pues había notado ese signo. Aquí estaba, ese estigma que mostraba al mundo que había en mi alma lo que ningún silencio sabría acallar lo suficiente. ¿Por qué, a partir de aquel instante fatal y diez veces maldito, no me rodeó una espesa niebla, y una nube negra no me separó de mis semejantes para que no se me pudiera ver más? ¿Para que, a mi paso de nubarrón tenebroso cargado de deshonra, no se me pudiera reconocer más que por el estremecimiento helado que haría nacer y que indicaría con toda seguridad que algo impío estaba merodeando por allí? Entonces hubiese vivido en ese lúgubre páramo sin recibir la más mínima visita, y no hubiera destruido a nadie con mi presencia sacrílega. ¡Ay de mí! En realidad creo que, si la perspectiva cercana de la muerte no hubiese disminuido y debilitado mi amargura, si hubiese vivido unos meses más de la forma en que vivía, con el cuerpo fuerte pero el alma corrompida por un mortal cáncer en su corazón mismo, si día tras día me hubiesen atado esos espantosos pensamientos, me hubiese vuelto loca y me hubieran tomado por una plaga viviente. Tal era el horror que inspiraban a mis elucubraciones solitarias este cuerpo, esta voz, y todo lo que se manifestaba de mi miserable persona. ¿Pues acaso no era yo la fuente misma de toda esa culpabilidad a la que había que dar un nombre?

Todo eso era superstición. Mis pensamientos no eran tan locos al principio, cuando supe que el nombre de mi padre iba a ser una maldición para mí. Mi vida solitaria era la que me inspiraban esos devaneos.

Pero cuando vi que Woodville, día tras día, intentaba ganar mi confianza y yo no lograba relatar mi sombría historia, entonces experimenté con mucha más fuerza el miedo aplastante de ser realmente una criatura maldita, una paria destinada a morir.

XII

Constantemente obsesionada por estas ideas, os podréis imaginar fácilmente que no fui sensible más que de una forma efímera a la influencia de las palabras de Woodville, y aunque dejé de acusarle de villanía, volví a sentirme a pesar de todo tan desdichada como antes.

Poco después de este incidente nos separamos. Supo que su madre estaba enferma y corrió a su lado. Había venido a despedirse de mí, y paseamos por el páramo una última vez. Prometió volver para verme, me ordenó distraerme y estimular todo pensamiento feliz hasta que el tiempo y la energía moral acabaran con mi sufrimiento y pudiera volver a la sociedad de los hombres.

«Antes que cualquier otra exhortación de mi parte —me dijo— respetad y seguid esta: no se debe desesperar. Este es el abismo más peligroso, al borde del cual estáis siempre oscilando. Debéis asegurar vuestros pasos y adoptar la esperanza como guía. Tened esperanza y vuestras heridas estarán ya medio curadas. En cambio, si os obstináis en la desesperación, nunca más habrá alivio para vos. Creedme, querida amiga, hay una alegría que pueden ofrecer el sol, la tierra y todas sus hermosuras, y que algún día experimentaréis. La felicidad reparadora del amor vendrá a visitar vuestro corazón y deshacer el sortilegio que os ata a la desgracia. Entonces os sorprenderéis de haber tenido los ojos cerrados en esa larga noche que os abruma. No me atrevo a esperar haberos inspirado suficiente interés para que mi recuerdo y el afecto que siempre os guardaré puedan dulcificar algún día vuestra melancolía y disminuir la amargura de vuestras lágrimas. Pero si mi amistad puede incitaros a mirar la vida con menor aversión, tened cuidado en no ofenderla con vuestra desconfianza. El amor es un fuego fatuo que pronto queda herido por los celos brutales. Conservad, os lo suplico, la firme convicción de mi sinceridad en lo más profundo de vuestro corazón, fuera del alcance de los vientos pasajeros que podrían enturbiar su superficie. El sufrimiento os hace cambiar de humor y el curso de vuestros pensamientos se ve agitado a veces, me temo, por causas indignas. Dejad que vuestra confianza en mi simpatía y en mi amor crezca, no dejéis que se altere por estas turbulentas idas y venidas que, cuando ya no os afecten, dejarán intacto vuestro cariño».

Tales fueron, entre otras, las últimas lecciones de Woodville. Lloré al escucharle, y después de un adiós lleno de cariño, le seguí con la mirada hasta ver desaparecer a lo lejos la última imagen de mi consuelo en la Tierra. Había insistido en acompañarle por el páramo hasta el pueblo donde vivía. El sol estaba todavía alto cuando me dejó y volví hacia mi casa.

Era uno de los últimos días de septiembre, cuando las noches se hacen más frías, pero el tiempo estaba sereno, y no me invadió ninguna meditación malsana durante mi camino. Pensaba con gratitud en Woodville cuya partida no me causaba la menor amargura, y no podía explicarme el por qué. Quizá después de un golpe tan fuerte, los demás cambios se habían hecho insignificantes para mí. Caminaba preguntándome cuándo llegaría el momento en que los cuatro nos volveríamos a encontrar, mi amado padre devuelto a mí en un dulce paraíso. Imaginaba un río delicioso como aquel en cuyas orillas Dante describe a Mathilda cogiendo flores, y que todavía corre…

> Bruna, bruna,
>
> sotto l'ombra perpetua, che mai
>
> raggiar non lascia sole ivi, né luna[8].

Me repetía el bello fragmento que describe la entrada de Dante en el Paraíso, y pensaba que me sería dulce ver, paseando por esas deliciosas orillas, a mi padre, perdido todo este tiempo, descendiendo del carro de la luz, para serme devuelto. Inmóvil, a la espera de ese momento, pensaba en la manera en que, con las bellas flores que allí crecían, trenzaría una guirnalda y una corona para celebrar mi alegría. Cantaba *Sul margine d'un rio*, la canción favorita de mi padre, pensando que mi voz, deslizándose en el aire, le avisaría, allí donde se encontraba esperando el momento de nuestra unión, de la llegada de su hija. Entonces la marca de la desgracia habría desaparecido de mi frente, y levantaría los ojos sin temor para encontrar los suyos que tendrían para siempre el brillo de un amor inocente. E imaginándome el esplendor mágico de sus ojos profundos, lloré, pero con suavidad, por temor a que mis sollozos interrumpieran aquella escena mágica.

Estaba tan absorta en esta meditación que seguí andando sin vigilar mis pasos, hasta detenerme realmente para coger una flor en aquella llanura árida donde apenas crecía alguna. Entonces desperté de mi sueño diurno sin saber dónde me encontraba.

---

8 Morena, morena bajo la sombra perpetua, que nunca deja pasar los rayos ni del sol ni de la luna. Alighieri D. *"Purgatorio"* C. XXVIII, *vv. 31-33.*

El sol se había puesto, y el tinte rosado que había dado a las nubes en su caída casi había desaparecido; el viento barría la llanura. Miré a mi alrededor sin que el más mínimo objeto pudiera indicarme dónde estaba. Me había perdido, y en vano busqué mi camino. Seguí avanzando sin rumbo pero la noche que caía hacía confusas todas las huellas que hubiesen podido guiarme. Finalmente, todo quedó oculto en la profunda oscuridad de la noche más negra. Me sentí cansada, y sabiendo que mi criada iba a dormir aquella noche en el pueblo vecino, y que nadie se preocuparía por mi ausencia, y sintiéndome además, en aquel lugar perdido, protegida de toda intrusión, decidí pasar la noche donde estaba. De hecho, estaba demasiado cansada para seguir adelante. El aire era helado pero no me preocupaba, creyéndome endurecida contra la intemperie por aquellos dos años de soledad en que ningún cambio de tiempo había impedido mis repetidos paseos.

Me acosté sobre la hierba, rodeada por una oscuridad que ningún rayo de luz penetraba. No se oía ningún ruido: la noche profunda había hecho dormir a los insectos, únicas criaturas vivas que podían encontrar cobijo bajo los árboles en aquel lugar aislado. En el aire había un silencio maravilloso que calmó mis sentidos y reavivó mi alma, mientras mi espíritu parecía abrazar la eternidad saltando de una imagen a otra. Todo era confuso pero tranquilo en mi corazón, mis ideas se hicieron imprecisas y acabaron desvaneciéndose en el sueño.

Cuando desperté, estaba lloviendo: yo ya estaba empapada, sentía mis miembros rígidos y la cabeza me daba vueltas a causa del frío de la noche. La lluvia era fina y penetrante. Mi pelo húmedo y frío se me pegaba al cuello y me cubría en parte la cara. Apenas tuve fuerzas para apartar con un dedo el largo mechón tieso que caía sobre mis ojos. La oscuridad, en gran parte, se había desvanecido, y al Este, donde las nubes estaban menos densas, se veía la luna detrás de las nubes grises:

Allí detrás está la luna y es luna llena,
pero me parece pequeña y sin lustre...

Su presencia me dio esperanza para encontrar mi camino gracias a ella, pero me faltaba energía, y pasaron muchas horas hasta que pude llegar a la casita, arrastrando los pies lentamente, descansando a menudo sobre el suelo húmedo, incapaz de avanzar.

Insisto particularmente sobre esta noche, pues precipitó la última escena de mi tragedia, que de lo contrario hubiese podido destejerse en el transcurso de años de innumerables desdichas. Me encontraba muy mal al llegar, y totalmente incapaz de quitarme la ropa mojada pegada al cuerpo. Cuando llegó por la mañana, mi criada me encontró casi sin vida, echada en el suelo de mi habitación, presa de una fuerte fiebre.

Estuve enferma mucho tiempo, y cuando me recuperé del peligro inmediato de la fiebre, se manifestaron todos los síntomas de una rápida consunción. Durante algún tiempo lo ignoré, atribuyendo mi excesiva debilidad a las consecuencias de la fiebre. Pero mis fuerzas menguaron cada vez más. Cuando llegó el invierno, empecé a toser, y mis mejillas hundidas, pálidas, se pusieron a arder con una fiebre héctica. Uno tras otro, esos síntomas me afectaron, y me convencí de que el momento tan deseado por fin iba a llegar y que iba a morir. Estaba sentada junto al fuego, el médico que me atendía desde que contraje la fiebre acababa de irse, y miré la receta, que prescribía digitalis purpurea sobre todo.

«¡Ah! Ya veo lo que es, pensé, qué extraño que me haya equivocado tanto tiempo. Voy a morir de una muerte inocente, y esta muerte será más dulce todavía que el opio».

Me levanté y caminé lentamente hacia la ventana, la extensa llanura estaba cubierta de nieve. Resplandecía bajo los rayos del sol que brillaba en el aire puro y helado. Algunos pájaros picoteaban unas migas debajo de mis ventanas. Esbocé una sonrisa de serena alegría y, en mis pensamientos, que seguían el orden dictado por la costumbre de una larga soledad, como si yo les diera forma de frases, me dirigí de la forma siguiente a la escena que tenía ante los ojos:

«¡Te saludo, sol maravilloso, y tú, blanca tierra, bella y fría! Quizá no te vuelva a ver nunca más con todo tu verdor, y las deliciosas flores de la próxima primavera florezcan sobre mi tumba. Voy a dejarte: pronto este vivo espíritu que se agita siempre entre vagas formas e ideas extrañas, espíritu que no te pertenece, habrá emprendido el vuelo hacia otros lugares, y este cuerpo demacrado reposará inanimado en tu seno:

… Atrapado en la ronda diurna de la Tierra,
    entre las rocas, las piedras y los árboles…

»Pues todo continuará para Ti, a quien el artista llama nuestra madre universal, cuando me haya ido. Yo te he amado, y en mis días de alegría igual, que en los de pena, he poblado tus soledades con insensatas quimeras de mi invención. Los bosques, los lagos, las montañas que he amado están ligados para mí a mil pensamientos. ¡O tú, sol! Has bañado con tu sonrisa y has tomado parte en todas esas fantasías que solo mi corazón encierra y que desaparecerán junto con él. Tus soledades, dulce llanura, tus árboles y tus aguas existirán siempre, siempre agitadas por los vientos bajo el ojo del mediodía; pero todo lo que he sentido por ti, y todos esos sueños que muchas veces te han deformado extrañamente, perecerán conmigo. Seguirás existiendo para reflejar a otros espíritus, y seguirás siempre igual a ti misma, aunque los reflejos de tu apariencia adopten mil maneras, variables como los corazones de los que te miran. Uno de esos frágiles espejos que siempre adoró tu imagen se quebrará pronto y quedará convertido en polvo. Pero la siempre fértil Naturaleza creará otro, y luego otro más, y no perderás nada con mi destrucción. Siempre serás tú misma.

»Recibe pues el adiós agradecido de una sombra fugitiva a punto de desaparecer, que te deja en la alegría, con una última mirada de gratitud y afecto. ¡Adiós cielos, campos y bosques, exquisitas flores que crecéis aquí, adiós montañas y ríos! ¡Adiós aire perfumado y fuerte viento del Norte, a todos, un último adiós!

»No verteré más lágrimas pues mi tarea está casi cumplida, y voy a ser recompensada de mi larga carga de sufrimiento. Bendice a tu hija en la muerte como yo te bendigo, y déjame dormir en paz en mi tumba de silencio.

»Noto la muerte al alcance de mi mano y estoy serena. Ya no desespero sino que miro a mi alrededor con un cariño apacible. Encuentro dulce observar el ocaso progresivo de mis fuerzas y repetirme: un día más, uno más, y sin embargo no volveré a ver las hojas rojas del otoño.

»Estaré con mi padre mucho antes.

»Me alegro de que Woodville no esté conmigo, pues quizá se sentiría apenado, y no deseo ver más que sonrisas en la postrera escena de mi vida. En mi última carta, le hablé de mi enfermedad, pero sin revelarle su carácter mortal, por temor a que creyera que su deber era visitarme. Me da miedo en efecto que las lágrimas de la amistad destruyan la paz bendita de mi alma. Me satisface poner en orden todos los pequeños detalles que se presentarán cuando ya no esté. En realidad, estoy enamorada de la muerte. Ninguna novia contempló con más gozo su atuendo de boda que yo al imaginar mi cuerpo envuelto en el sudario. ¿No es acaso mi vestido nupcial? Solo él me reunirá con mi padre, en una unión sin fin en la que nunca más estaremos separados.

»No me extenderé sobre los últimos cambios sufridos en el ocaso final de mi vida, ocaso rápido pero sin dolor. Experimento un extraño placer. Esos días de paz son los primeros que me visitan en muchos años. Se acabó el agotamiento de mi pobre corazón por lágrimas amargas y gemidos furiosos, también se acabó el atribuir mis sufrimientos y miserias al Sol, a la Tierra y al Aire. Estoy esperando la conclusión de una vida que me fue tan dulce como amarga. No muero sin haber gozado de la vida. ¡Fui feliz durante dieciséis años, y en los primeros meses del retorno de mi padre, disfruté siglos de felicidad! Pero a decir verdad, en el dolor envejecí. Mis pasos son inseguros como los de la vejez. Me he vuelto irritable e inepta para la vida. Y después de algo más de veinte años sobre esta tierra, heme aquí más preparada para mi estrecha tumba que mucha gente que alcanza el término normal de su vida.

»Desfilan y vuelven a desfilar, en mi recuerdo, las diferentes escenas de mi corta vida. Si el mundo es un teatro y no soy más que una actriz, mi papel fue extraño, y desgraciadamente trágico. Prácticamente desde mi más tierna edad fui privada de todas las manifestaciones de afecto que suelen recibir los niños. Entregada a mis solos recursos, mis entretenimientos fueron, si así puedo decirlo, anormales, porque eran sueños y no realidades. Veía la Tierra como una linterna mágica, y yo era espectadora, oyente, pero no actriz. Luego llegó la era de felicidad a mi existencia, felicidad que regeneró mi alma. Volvió mi padre, y pude derramar mis cálidos afectos en un corazón humano. Un Sol nuevo y una Tierra nueva habían nacido para mí. ¡Alegría! ¡Alegría! ¡Pero ay de mí! ¡Qué dolor! Mi éxtasis fue más rápido que el movimiento de un rayo de sol en la montaña, que descubre sus claros y sus bosques para luego dejarla oscura y vacía; a mi felicidad sucedieron la locura, la angustia, y finalmente la desesperanza.

»Tal es el drama de mi vida plasmado ahora en el papel. Fueron necesarios tres meses para llevar a cabo esa tarea. El recuerdo de la desdicha hizo surgir las lágrimas, el recuerdo de la felicidad abrasó mi corazón con un dulce calor, viva imagen de esa alegría. Ahora mis lágrimas se han secado, el fuego se ha apagado en mis mejillas, y con esas pocas palabras de despedida que os dirijo, Woodville, acabo mi obra, la última que llevaré a cabo.

»Adiós, mi único amigo en el mundo. Vos sois el único lazo que me ata a la vida y que rompo ahora. Dejaros no me hace daño, y nuestra separación tampoco deberá afectaros. Nunca me habéis considerado como alguien de este mundo, sino más bien como un ser que fue enviado desde el reino de las sombras, como penitencia, para pasar unos días de llanto en la Tierra, languideciendo por volver hacia su origen. Lloraréis, pero vuestras lágrimas serán lágrimas de simpatía. Si yo pensara que ello puede atenuar vuestro pesar, os diría que sonriáis y me felicitéis por dejar esa pena que me habéis visto sufrir. Os diría, Woodville: ¡alegraos junto con vuestra amiga, hoy triunfo y soy totalmente feliz! Pero desconfío de estas expresiones que bien podrían no consolar a los vivos. Lloran por su propia miseria y no por la del ser que han perdido. No, verted las lágrimas de uso que se deben a mi recuerdo, y si algún día lloráis sobre mi tumba, coged allí una flor y conservadla sobre vuestro corazón. Pues vuestro corazón es el único sepulcro donde descansará todo recuerdo mío.

»Mi muerte se aproxima a grandes pasos, y vos no estáis aquí para ver cómo mi alma emprende el vuelo hacia su última morada. No lo deploréis. La muerte es cosa demasiado espantosa para los vivos, es una de aquellas adversidades que hieren pero no purifican el corazón, es un dolor tan terrible que no hace más que endurecer y debilitar todo sentimiento. Es tan espantosa como aquella hora en que perseguí a mi padre hacia el océano para encontrar únicamente su cuerpo sin vida... aunque, para mi salvación, prefiero aquello que ver sus sentidos apagándose uno a uno, su pulso debilitándose, su sueño desapareciendo, como si mi mirada le arrancase la vida; o ver la vida deteniéndose todavía en sus miembros, sabiendo que pronto los dejaría, o bien sentir su aliento cálido escapando de sus labios, sabiendo que pronto estos iban a estar fríos.

No seguiré describiendo este horrible cuadro. Vos habéis sufrido en una ocasión esa tortura, yo no. Algunas veces este recuerdo os llenó el corazón de una amarga desesperación, mientras de otra forma, hubieseis sufrido una pena mucho más dulce.

»Así pues, día tras día voy debilitándome y la vida vacila en mi cuerpo agotado como una lámpara a punto de quedarse sin aceite. Ahora contemplo el feliz sol de mayo. Fue en mayo, hace cuatro años, cuando vi por primera vez a mi amado padre; fue en mayo, hace tres años, cuando mi locura destruyó al único ser que yo debía amar. Mayo ha vuelto y yo muero. Hace pocos días fue el aniversario de nuestro encuentro y, desgraciadamente, de nuestra eterna separación».

Después de un día de mortal emoción me las arreglé para poder contemplar otra vez el rostro de la Naturaleza. Hice que me llevaran a los prados a unas leguas de la casita. Estaban cortando la hierba y olía a heno en los campos. La Tierra entera parecía nueva y sus habitantes felices. La noche se aproximaba, miraba la puesta del sol. Hace tres años, el mismo día, a la misma hora, brillaba entre las ramas y las hojas del bosque de hayas, y sus rayos bailaban sobre la cara del que yo contemplaba por primera vez.

Ahora veía ese astro divino dorando todas las nubes con un esplendor extraordinario, cayendo tras el horizonte y desapareciendo de un mundo en el que ya no está el que busco, para irse hacia otro en el que tampoco está. ¿Por qué derramo esas amargas lágrimas? ¿Por qué mi corazón se esfuerza en vano en rechazar esta cruel angustia que le invade igual que las aguas vienen a cubrir el mar? Dejo este mundo donde él ya no está, para encontrarle pronto en el otro.

Adiós, Woodville, pronto la hierba verdeará sobre mi tumba y las violetas florecerán. En ella están mis esperanzas. Las vuestras son de este mundo: ojalá se cumplan.

BIOGRAFÍA DE LA AUTORA

Mary Wollestonecraft (Godwin) Shelley nació el 30 de agosto de 1797 en Londres, Inglaterra, fruto del filósofo William Godwin y de la feminista Mary Wollestonecraft; ambos padres fueron escritores destacados en el siglo XIX. El libro más famoso de su padre fue Political Justice (1793), que constituye una mirada crítica a la sociedad y al tratamiento ético de las masas. El otro libro popular de Godwin, *Caleb Williams* (1794), examina las distinciones de clase y el mal uso del poder por parte de la aristocracia gobernante. Mary Wollestonecraft, su madre, fue una destacada escritora feminista que expuso sus puntos de vista en su famosa obra *A Vindication of the Rights of Women* (1792). Se casaron en 1797 para proteger los derechos del futuro bebé. Cuando nació su hija Mary, William y su esposa sólo llevaban casados cinco meses. Cuatro semanas después de dar a luz, Mary Wollestonecraft murió por complicaciones en el parto. Así, Mary Shelley nunca conoció a su madre. Su padre se volvió a casar con una mujer llamada Mary Jane Clairmont cuando la joven Mary tenía cuatro años.

El instruido padre de Mary, que frecuentemente tenía invitados en su casa durante los años de formación de su hija, garantizó su educación. Voraz lectora, Mary le pedía prestados libros de su extensa biblioteca. Desde temprana edad se deleitó escribiendo, y su pasión era escribir historias destinadas a un público muy limitado. La influencia de la casa de su famoso padre no puede ser subestimada considerando el constante flujo de escritores, incluyendo a Samuel Taylor Coleridge. Fue en casa donde Mary se convirtió en una persona de letras, siguiendo la tradición familiar de escritores y pensadores.

Entre junio de 1812 y marzo de 1814, Mary vivió con unos familiares en Escocia. Fue en sus visitas de regreso a Londres cuando conoció a Percy Bysshe Shelley, quien idolatraba a su padre, y así comenzó su relación. Mary y Percy dejaron Inglaterra por Francia en junio de 1814 para comenzar una vida juntos. Cuando se conocieron, Shelley seguía casado con su primera esposa, Harriet Westbrook, desde hace cuatro años. Percy propuso un nuevo matrimonio a Mary tan pronto como el primero se disolvió. A finales de 1814, Mary y Percy volvieron a Inglaterra y vivieron escondidos para evitar a Harriet y las deudas anteriores. Fue entonces cuando Percy solicitó al padre de Mary, William, el alivio de su deuda.

En febrero de 1815, Mary dio a luz a una hija, que nació prematuramente y que posteriormente murió en marzo del mismo año. La pareja se estableció en Bishopgate, Inglaterra y nació un segundo hijo, William.

En el verano de 1816, se propuso una gira por Europa continental. En una parada en Suiza, la pareja y la hermanastra de Mary, Claire, alquilaron una casa cerca de otro escritor británico, Lord Byron. El verano resultó ser húmedo e intempestivo; Byron sugirió al grupo que se dedicaran a escribir historias de fantasmas para pasar el tiempo. Fue durante este verano que la idea de Frankenstein tomó forma. La historia era al principio sólo de unas pocas páginas, pero con el estímulo de Percy, el cuento tomó una mayor longitud. La historia de Mary, la mejor del grupo, era tan aterradora para Byron que corrió "gritando de horror" desde la habitación. *Frankenstein (o el moderno Prometeo)* se publicó en 1818.

En noviembre de 1816, Fanny, la hermanastra de Mary, se suicidó. Unas semanas más tarde, en diciembre de 1816, la primera esposa de Shelley, Harriet, también se suicidó. En dos semanas, Percy y Mary se casaron en la iglesia de St. Mildred en Londres el 30 de diciembre de 1816. A principios del año siguiente, la pareja se mudó a Marlow, Inglaterra y nació un tercer hijo, Clara Everina. En 1818, los Shelley dejaron Inglaterra por Italia para escapar de la creciente deuda y mejorar la salud de Percy. Fue durante este tiempo que ambos niños pequeños murieron; Clara murió en septiembre de 1818, y William murió el siguiente junio, en 1819. María se sentía miserable y desconsolada a los 21 y 22 años de edad. Se recuperó un poco más tarde, en noviembre de 1819, cuando su hijo Percy nació en Florencia, Italia. Se convertiría en el único niño de Shelley que sobrevivió hasta la edad adulta. Mary no permaneció ociosa como escritora durante este tiempo, ya que comenzó una nueva novela, *Valperga*.

Fue en este periodo italiano y tras la muerte de Clara que Mary escribió la obra aquí publicada, *Mathilda*, en la desesperada búsqueda de una salida para todo el dolor que tenía dentro. Como ya expresado en el prólogo, esta obra fue escondida al mundo durante 140 años, ya que el padre de Mary secuestró el manuscrito que su hija le había envíado, para que nunca puediera ser publicado.

El 8 de julio de 1822, la vida de Mary se vio alterada para siempre cuando su marido se ahogó en el mar en un accidente de barco en la Toscana, frente a la costa de Livorno. Para entonces, su vida estaba aparentemente conectada a la tragedia, con la muerte de tres hijos, su madre y su marido, y los suicidios de la ex esposa de Percy y su propia hermanastra.

Pasó el resto de su vida escribiendo obras originales y atendiendo las obras de su difunto marido. Se convirtió en la guardiana de la fama de Percy Bysshe Shelley y fue editora de sus obras póstumas, para recaudar los fondos necesarios para mantenerse a sí misma y a su hijo. En 1824, se publicó *Poemas Póstumos*, que fue editado por Mary. Ella había iniciado negociaciones con su suegro, Sir Timothy Shelley, quien no quería que las obras de su hijo se publicaran o que el nombre de su familia apareciera de nuevo en la prensa durante su vida. *El último hombre* (1826) es la obra más conocida de Shelley después de Frankenstein porque aborda el tema de la catástrofe masiva en la sociedad.

En 1841, su hijo Percy se graduó en el Trinity College, y pidió a su madre que le acompañara en una gira por Italia y Europa. Su hijo se casó en 1848, y Mary vivió con él y su esposa hasta el día de su muerte, ocurrida el 1 de febrero de 1851 en Londres. Mary fue enterrada en Bournemouth, Inglaterra, en la parte trasera de la iglesia de St. Peter: sobre su tumba la hierba ha ya verdeado.

ÍNDICE